HANSER BERLIN
LEBEN

Svenja Flaßpöhler

STREITEN

Hanser Berlin

3. Auflage 2025

ISBN 978-3-446-28004-5

Carl Hanser Verlag GmbH & Co. KG, München
Vilshofener Straße 10 | 81679 München | info@hanser.de

Umschlag: Anzinger und Rasp, München
Motiv: © akg-images/Album/Prisma
Satz: Satz für Satz, Wangen im Allgäu
Druck und Bindung: GGP Media GmbH, Pößneck
Printed in Germany

FSC
www.fsc.org
MIX
Papier | Fördert
gute Waldnutzung
FSC® C014496

Für Elisabeth

INHALT

PROLOG

In den Augen vieler Menschen bin ich eine Frau, die sich gerne streitet und mit einer gewissen Lust angreifbare Positionen vertritt. In der Tat reizen mich bestimmte gesellschaftliche Tendenzen zum Widerspruch. Manche begrüßen das und nehmen mich wahr als »streitbare Philosophin«, die sich dem »Mainstream« entgegenstellt. Andere wiederum nennen mich »Schwurblerin« und meinen, ich sei unsolidarisch, aufmerksamkeitssüchtig und rede über Dinge, von denen ich keine Ahnung habe. Über eine Sache aber sind sich vermutlich alle einig: dass ich streitlustig bin. Als sei Streit für mich etwas Lustiges. Doch in mir wohnt eine andere Erfahrung.

Bei dem Wort Streit denke ich an eine sehr frühe Angst, an innere Erstarrung. Ich denke an die Trennung meiner Eltern, als ich noch keine zwei Jahre alt war, an den Auszug meines Vaters, an ein starkes, namenloses Vermissen. Ich denke an eine zerrissene Welt, die von Anfang an da war und die ich nie akzeptieren wollte, im Grunde bis heute nicht. Ich denke an die vielen durchwachten Nächte, später, in der zweiten, ebenfalls krisengeschüttelten Ehe meiner Mutter, weil ich fürchtete, dass im Eifer des Gefechts jemand sterben könnte, wenn es niemanden gibt, der aufpasst. Ich denke an Geschrei, an zerbrechendes Geschirr, an umfallende Regale im Handgemenge. Und an meine Mutter, die eines Tages geht und sich auch nach uns Kindern nicht mehr umdreht.

Warum also streite ich? Davon und von der Frage, was Streiten heißt, handelt dieses Buch.

STREIT IST KEIN DISKURS

Zunächst einmal gilt zu klären, worüber wir reden, wenn wir von »Streit« reden. Dies umso mehr, als die Ermahnung, wir müssten wieder lernen zu streiten, dieser Tage so oft zu hören ist, dass sie in meinen Ohren schon wieder fast ein wenig wohlfeil klingt. Streit, da schwingt so herrlich mit, was uns doch allen lieb und teuer ist. Wer streiten kann, setzt sich mit Andersdenkenden auseinander, hält die Meinungsfreiheit hoch. Wie sagte Helmut Schmidt: »Eine Demokratie, in der nicht gestritten wird, ist keine.« Ein Satz, den sich eine große Wochenzeitung zu eigen gemacht hat, um ihre Rubrik »Streit« zu bewerben, die vor einigen Jahren ins Leben gerufen wurde. Streiten, so scheint es, ist etwas Gutes, zumindest dann, wenn bestimmte Benimmregeln berücksichtigt werden. Das ist alles nicht falsch und verfehlt doch das Spezifische des Phänomens.

Über das Streiten nachzudenken heißt, sich von Illusionen zu befreien. Ein Streit ist nie harmlos. Der Abgrund der Vernichtung ist immer da. Bereits die Begriffsgeschichte weist eindrücklich auf die Gewalt dieses Tuns hin, und zwar wohlgemerkt: eine physische Gewalt. So wurde »strît«, heißt es im Grimmschen Wörterbuch, schon im Althochdeutschen »als bezeichnung des waffenkampfes neben anderen wörtern« verwendet. Im Mittelhochdeutschen hat sich »strît« gar in »massenhaft anschwellendem gebrauch als allgemeine bezeichnung des physischen kampfes« durchgesetzt. Nicht umsonst hießen »Schlachtrösser«, also Pferde, die bis ins 16. Jahrhundert hinein im Kampf eingesetzt wurden, auch »Streitrösser«. Und noch Luther verwendete »strît« regelmäßig im Sinne von Kampf, Schlacht, Krieg. Wer stritt, stach zu, schlachtete ab, löschte Leben aus. Bis zum Ende des 18. Jahrhunderts war diese Bedeutung von »Streit« vorherrschend.[1]

Vor gut zwei Jahrhunderten hieß streiten also noch vornehmlich: kämpfen. Und zwar buchstäblich bis aufs Blut. In unserer Zeit weisen Ausdrücke und Redewendungen wie »Schlagabtausch« oder »Wortgefecht« noch auf diese körperliche Dimension hin, die als Möglichkeit immer lauert. Wer »einen Streit vom Zaun bricht«, lässt einen Streit so heftig und plötzlich eskalieren, »wie man eine Latte (als Waffe) von der nächsten Umzäunung bricht«[2]. Ob unter Nachbarn, in der Familie, im Straßenverkehr, bei Protesten, gar im Parlament: Ein Streit hat immer das Potenzial, in reale, physische Gewalt umzuschlagen. Dass und inwiefern sich diese Dynamik gerade in unseren Tagen zeigt, davon wird noch die Rede sein.

Eingedenk dieser Eskalationspotenz zeugt der heutige Wortgebrauch von »Streiten« dennoch von einer zunehmenden Pazifizierung moderner Gesellschaften. Genauer: von einem Prozess zivilisatorischer Sensibilisierung, der körperliche Gewalt einzudämmen und sprachliche Aushandlungen an ihre Stelle zu setzen versucht. Wenn wir von »Streiten« sprechen, meinen wir keinen Waffenkampf um Leben und Tod mehr. Wer »streitet«, kämpft nicht physisch, sondern verbal, und zwar (hier kommen die Benimmregeln ins Spiel) am besten fair, sachlich und lösungsorientiert, getragen von gegenseitigem Verstehen, der Fähigkeit zum Perspektivwechsel.

Womit wir allerdings sogleich bei der problematischen Aufweichung des Begriffs – und zwar im doppelten Sinne – angelangt wären. Wer nämlich meint, es sei möglich, sich empathisch und verständnisvoll zu streiten, hat noch nicht erfasst, was Streit ist. Streiten hat mit einem Perspektivwechsel, einem Aus-sich-Heraustreten, zunächst einmal nichts zu tun. Ein Mensch, der anfängt, den Gegenstand des Streits mit den Augen des anderen zu sehen, streitet schon nicht mehr, sondern befindet sich bereits auf dem Weg der Verständigung. Genauer: Ein Mensch, der die Sicht wechselt und sich auf diese Weise verstehend auf einen Konsens zubewegt, führt keinen Streit, sondern nimmt an einem Diskurs teil.

Eine phänomenologische Annäherung mag genauer illustrieren, worin die Differenz besteht. Stellen wir uns zwei Menschen vor, die streiten. Was zeigt das geistige Auge: Menschen, die ruhig einander zuhören, sachlich Argumente austauschen und zwischendurch immer wieder verständnisvoll nicken, wenn der andere redet? Menschen also, die sich, um es mit Jürgen Habermas zu sagen, zur »*wechselseitigen Perspektivübernahme*« und zur »gemeinsamen Überwindung ihres Egoismus«[3] nötigen lassen, um konsensorientiert dem »eigentümlich zwanglosen Zwang des besseren Argumentes«[4] zu folgen? Wohl kaum. Das Wort Streit evoziert ein anderes Vorstellungsbild, in dem Affekte klar zutage treten und sich die gesamte Atmosphäre völlig anders gestaltet. Wer in einen Streit verwickelt ist, erhebt die Stimme, um ihr Geltung zu verschaffen. Die Gemütslage ist erhitzt, die Gesichtsmuskeln sind angespannt. Die Hände liegen nicht ruhig auf dem Tisch, sondern sind Teil des Gefechts, verleihen den emotional vorgebrachten Worten zusätzlich Kraft. Kurzum: Ein Streit ist nie frei von Herrschaft. Hier geht es um Macht, weil Menschen, die wirklich und wahrhaft streiten, einander gerade nicht verstehen. Hier prallen grundverschiedene Seinsweisen, gar Weltbilder aufeinander.

Habermas geht davon aus, dass wir, wenn die idealen Bedingungen eines herrschaftsfreien Diskurses gegeben sind, qua Vernunft erkennen, dass wir bestimmte Normen und Werte teilen und so zu einem Konsens finden. Doch wie sich an gegenwärtigen Großkrisen zeigt, ist das längst nicht immer der Fall. Sind Corona-Impfgegner unsolidarisch oder einfach nur selbstbestimmt? Ist es moralisch und politisch legitim, Waffenlieferungen an die Ukraine zu kritisieren? Migration zu begrenzen? Lassen sich die historischen Hintergründe des Terrorangriffs der Hamas in Israel beleuchten, ohne in sträfliche Relativierung abzugleiten? An solchen Fragen scheiden sich die Geister, spalten sich Familien, scheitern Freundschaften. Der Grund ist: Man begreift schlicht nicht, wie der andere so denken kann, wie er denkt. Und man hält dieses andere Denken für derart falsch und fatal, dass es so »nicht stehen bleiben kann«. Ergo muss es, auch wenn es hart klingt, zu Fall gebracht werden.

Natürlich kann es sein, dass nach einem ersten heftigen Streit doch noch der Weg des Diskurses beschritten wird. Doch es ist ebenso möglich, dass die Positionen unversöhnt bleiben, sich der Streit also nicht durch »kommunikative Rationalität« (Habermas) auflöst.

Zu streiten heißt somit im Kern dies: dass ich meine Perspektive gegen eine andere stelle. Voraussetzung dafür ist, dass ich meine Sichtweise für richtig und die andere für falsch oder mindestens für fatal unterkomplex halte und das unmissverständlich zum Ausdruck bringe. Um zu streiten, muss ich also jemandem ins Gesicht sagen können: Ich habe recht und du nicht. Ohne diese Entgegensetzung gäbe es schlicht keinen Streit, sondern vielmehr ein suchendes Gespräch, einen »discursus«, was übersetzt »Umherlaufen« bedeutet. Der Diskurs ist ein besonnenes, wandelndes Denken, das sich durch die Fähigkeit auszeichnet, die eigene Position zu verlassen oder eine solche gar nicht erst zu besitzen.

Die Sokratischen Dialoge sind für die Dynamik des Diskurses paradigmatisch. Sokrates hat mit den Athener Bürgern, die er in lange Gespräche über Tugend, Krieg oder Pädagogik verwickelte, nicht im eigentlichen Sinn gestritten. Er hat mit ihnen gemeinsam ein Für und Wider erörtert und auf diese Weise falsche Gewissheiten erschüttert. Die Grundhaltung des Sokrates lautete: Ich weiß, dass ich nicht weiß. Wer das Nichtwissen zum Prinzip erhebt, kann hervorragend dialektisch denken, aber nicht wirklich streiten (wobei Sokrates in den überlieferten Dialogen weitaus besserwisserischer ist, als sein eigener Grundsatz vermuten lässt).

Wer streitet, darf nicht von vornherein an sich beziehungsweise der eigenen Sichtweise zweifeln, nicht etwaige Gegeneinwände immer schon mitbedenken, nicht insgeheim glauben, dass der andere vielleicht doch im Recht sein könnte. Vielmehr ist die notwendige Voraussetzung eines Streits eine affektive Unmittelbarkeit, die Zweifel überhaupt nicht aufkommen lässt. Der Affekt ist es, der mich in die Lage versetzt, meine Gewissheit in einem bestimmten Augenblick gegen eine andere entschieden in Stellung zu bringen. Anders gesagt: Was ich brauche, um zu streiten, ist die nötige aggressive Energie – verstanden in dem Sinne, wie die Psychoanalyse sie deutet: Nämlich als eine affektive Kraft, die zunächst einmal weder gut noch schlecht ist, sondern gebraucht wird, *um sich zu behaupten.* Ohne Aggression gäbe es keine Streitbereitschaft und auch kein Durchsetzungsvermögen. Ohne Aggression würde ich den Sprung in die harte Auseinandersetzung scheuen wie ein Kind den Sprung vom 5-Meter-Turm. Ohne Aggression lässt sich schlicht nicht streiten. Ganz im Gegenteil: Nur durch sie kann ein Streit überhaupt entstehen. Nur durch sie komme ich in die Lage, in einer bestimmten, möglicherweise noch so heiklen Situation zu sagen »Das sehe ich anders!«, um sodann mit argumentativer Schärfe meiner Sicht Macht zu verleihen. Hierbei kommen auch rhetorische Mittel wie die Polemik (griechisch für ›Streit‹, ›Krieg‹) zum Einsatz, um durch Überspitzungen gezielt die Schwachstellen der gegnerischen Argumentation herauszustellen, ja regelrecht aufzuspießen. Auf diese Weise gebe ich dem Affekt eine Form: Ich verwandle ihn in eine argumentative Waffe, die dazu dient, den Kampf zu gewinnen.

Im letzten Kapitel dieses Buches werden wir sehen, dass sich genau hier, in der Transformation des Affekts in Argumente, Streit und Diskurs berühren. Und wir werden auch sehen, dass der Diskursethiker Habermas in seiner Rolle als öffentlicher Intellektueller das Schlachtfeld des Streits immer wieder ganz gezielt aufsuchte und dabei durchaus über »eine ausgeprägte Feindwahrnehmung« verfügte.[5] In einer idealen Welt mögen Diskurse herrschaftsfrei sein. In der Realität aber lassen sich Aggressionen nicht einfach zum Verschwinden bringen.[6] Sie zu balancieren ist die Kunst.

TRENNLINIEN

In meiner Kindheit habe ich erlebt, wohin Streit führt, wenn der Affekt als reine Zerstörung agiert: zur Auflösung aller Bindungen. Vor allem denke ich dabei an meine Mutter, die viel zu verstrickt in ihre eigene Geschichte war, um in ihren Liebesbeziehungen frei zu sein. Der Streit war ihr Schwert, mit dem sie sich durchs Leben und durch ihre Ehen kämpfte. In den Augen meiner Mutter diente dieses Schwert dem Selbstschutz und zielte doch auf Vernichtung.

Zum Zeitpunkt meiner Geburt war sie 20 Jahre alt. Stärker als ihre Liebe zu meinem Vater, ihrem ersten Ehemann, war der Hass auf ihren Vater, dessen tyrannischer Macht sie durch die Gründung einer eigenen Familie endgültig zu entfliehen hoffte. Und so geschah im Grunde schon meine Zeugung wie auch weite Teile ihres späteren Lebens auch aus einer Rebellion heraus, aus einem großen Nein gegen ihren Vater, der aber, da alles Handeln meiner Mutter in Wahrheit auf ihn bezogen blieb, seine Macht nie verlieren sollte. Diese väterliche Allmacht durchwirkte die Beziehungen zu ihren Männern, und so blieb das Nein meiner Mutter stärker als das Ja. Ihre Ehen zerfielen – sosehr sie sich auch bemühte.

An das Streiten zwischen ihr und meinem Vater kann ich mich, da ich noch zu klein war, nicht mehr bewusst erinnern, dafür aber sehr genau an die Eskalationsstufen im Streit mit meinem Stiefvater, die sich von einem zu laut auf den Teller gelegten Löffel über knallende Türen bis hin zu Handgreiflichkeiten hochschrauben konnten.

Vor allem spätabends oder nachts kam es oft zu schweren Auseinandersetzungen. Wenn ich wach in meinem Bett lag, wusste ich manchmal nicht, was ich mehr befürchten sollte: dass das Geschrei und Geschepper ein Stockwerk tiefer noch stundenlang weitergeht; oder dass es plötzlich aufhört, weil jemand tot ist. Ich – oder genauer gesagt mein Leib – weiß noch sehr genau, wie es sich anfühlt, einen solchen Streit zu erleben. Der Atem stockt. Im Magen liegt ein Stein, der immer größer wird. Es ist, als würde man selbst ein wenig sterben.

Mein Stiefvater verstand nicht, woher die hohe Reizbarkeit meiner Mutter in Wahrheit rührte (er führte sie meist auf den Alkohol zurück, der in der Tat oft im Spiel war), weshalb sie so schnell die Sachebene verließ und persönlich wurde, warum sie in nahezu allem patriarchale Unterdrückung wähnte. Im Gegenteil, mein Stiefvater fand seinerseits im Freiheitsdrang meiner Mutter immer wieder willkommenen Anlass zum Furor. So verkeilten sie sich ineinander und waren gleichzeitig hilflos wie zwei Schiffbrüchige, die in höchster Seenot den rettenden Ring nicht sehen. Stattdessen rissen sie sich gegenseitig in die Tiefe, versanken im Strudel des Zorns. Die Affekte waren durch nichts gebunden, weil niemand sie durchschaute, und so konnten sie nach und nach alles zerstören, worauf Beziehungen gründen: Vertrauen, Achtung, Liebe. Nach einem solchen Streit ist es unmöglich, so zu tun, als sei nichts geschehen. Das Davor ist unwiederbringlich verstellt.

Als ich vierzehn Jahre alt war, zog meine Mutter aus. Ich blieb – gemeinsam mit meiner gleichaltrigen Stiefschwester und meiner sechs Jahre jüngeren Halbschwester – bei meinem Stiefvater. In meinem konkreten Fall hieß das für ihn, sich tagtäglich mit einem sehr willensstarken, rhetorisch weit überlegenen Kind auseinanderzusetzen, das nach dem Weggang der Mutter alle sportlichen und schulischen Ambitionen fahren ließ und stattdessen exzessiv mit Freunden aus dem Nachbardorf feierte. In meinem Streit mit ihm ging es immer um dieselben Fragen: wann ich nach Hause komme; ob ich trotz Erkältung zur Scheunenparty darf; wie viele Biere (in unserer Gegend war Alkoholkonsum unter 16 normal) mir erlaubt sind. Mein unbändiger Durchsetzungswille brachte ein ausdauerndes, wütend loderndes Argumentationsfeuer hervor, und irgendwann kam von ihm immer der Satz, der mich erst richtig in Fahrt brachte: »Weil ich das sage.« Für mich zeugten diese vier Wörter nicht nur von großer Hilflosigkeit, weil eine Autorität sich offensichtlich nur noch durch sich selbst zu rechtfertigen weiß. Erschwerend kam hinzu, dass mein Stiefvater mir gegenüber, trotz seiner mächtigen Statur, ein gehöriges Autoritäts*problem* hatte. Immerhin war er nicht mein leiblicher Vater, den ich nur an Wochenenden oder in den Ferien sah. Und so gab ich, wenn dieser Satz fiel, nie klein bei, sondern inbrünstig zurück: »Du hast mir gar nichts zu sagen.«

Ich weiß im Grunde bis heute nicht, wie mein Stiefvater diese Attacken aushielt. Und mit Aushalten meine ich nicht, dass es kein Gebrüll, keine Drohungen, keine Strafen (meistens Hausarrest, leider hatten wir nicht genügend Bettlaken, um aus dem Badezimmerfenster zu klettern) und nicht auch hin und wieder die Entgegnung »Du bist wie deine Mutter!« gegeben hätte. Ich meine etwas viel Fundamentaleres: Nie, auch nicht nach dem schlimmsten Streit, setzte er mich vor die Tür. Was er hätte tun können. Schließlich gab es auch noch meine Eltern. Mein Stiefvater hatte keinerlei rechtliche Verpflichtung, mich bei sich zu behalten, und er hätte mit seinen leiblichen zwei Kindern schon genug zu tun gehabt. Meine Stiefschwester, die nur vier Monate älter ist als ich und aus einer ersten gescheiterten Ehe meines Stiefvaters stammt, war damals ebenfalls schwer pubertierend. Und meine kleine Halbschwester war damals gerade erst acht Jahre alt.

Doch mein Stiefvater rührte diesen tiefen, hochsensiblen Punkt nie an. Ich blieb bei ihm und meinen Schwestern, bis ich mit 18 von selbst auszog, um Philosophie zu studieren.

BINDUNGSKRÄFTE UND THANATOS-TENDENZEN

Wenn das Streiten nicht auf Konsens zielt, sondern vom Prinzip der Differenz und von starken Affekten durchwirkt ist – was hält streitende Beziehungspartner, streitende Freunde, streitende Bürger dann noch zusammen? In einer ersten Annäherung ließe sich so sagen: Damit ein Streit nicht eskaliert und die Parteien unwiederbringlich auseinandertreibt, müssen die Bindungskräfte mächtiger sein als der Vernichtungsdrang. Nur wenn die Anziehung stärker ist als die Abstoßung, kann das Streiten eine konstruktive Richtung nehmen.

Doch ist diese Bestimmung noch nicht exakt genug. Denn auch Bindungen können destruktiv wirken, etwa, wenn sie erzwungen sind. Umgekehrt kann die Bereitschaft zur Vernichtung lebensrettend sein, etwa im Akt der Selbstverteidigung. Was also lässt Menschen im Streit die Verbindung halten? Eine differenziertere Antwort ermöglicht Freud, in dessen Theorie der Antagonismus Bindung versus Vernichtung grundlegend ist.

Zentral für das Gelingen oder Misslingen eines Streites wäre aus psychoanalytischer Perspektive das Mischungsverhältnis von Eros und Thanatos, den zwei großen Gegenspielern auf der Ebene der Triebe. »Das Ziel des ersten (Eros; S. F.) ist, immer grössere Einheiten herzustellen und so zu erhalten, also Bindung, das Ziel des anderen (Todestrieb; S. F.) im Gegenteil, Zusammenhänge aufzulösen und so die Dinge zu zerstören.«[7]

Eros und Thanatos, Lebens- und Todestriebe, wirken laut Freud in aller Regel zeitgleich; genau so erklärt sich das Ambivalente, Rätselhafte, Verstörende, aber auch Lebendige des menschlichen Verhaltens: etwa, wenn ein und dieselbe Person geliebt und gehasst wird. Oder wenn ich mich streite und ein Gegenüber, dem ich mich nah fühle, argumentativ niederringen will. »Dieses Mit- und Gegeneinanderwirken der beiden Grundtriebe ergibt die ganze Buntheit der Lebenserscheinungen«[8], so Freud in seinem »Abriss der Psychoanalyse«, woran auch ersichtlich wird, dass die aggressiv trennende Kraft des Thanatos nicht nur schädlich, sondern bis zu einem bestimmten Grad notwendig ist. Ansonsten drohen Kitsch und Konsenszwang, Scheinheiligkeit und Einheitsbrei. Wird die Thanatos-Energie hingegen zu stark, droht der Zerfall.

»Veränderungen im Mischungsverhältnis der Triebe haben die greifbarsten Folgen«, heißt es bei Freud. »Ein stärkerer Zusatz zur sexuellen Aggression führt vom Liebhaber zum Lustmörder, eine starke Herabsetzung des aggressiven Faktors macht ihn scheu oder impotent.«[9]

Unverkennbar stammen diese Beschreibungen aus einem anderen Zeitalter, doch lassen sie sich durchaus erhellend auf mediale Streitphänomene unserer Gegenwart übertragen. Im zeitgenössischen TV-Format Talkshow etwa zeigen sich der Typus Lustmord und der Typus Impotenz mitunter in Reinform, zumal dann, wenn die Gesprächsrunden nicht ausgewogen besetzt sind. Lustmörder sind daran zu erkennen, dass sie die Hinrichtung ihres Opfers vor klatschendem Publikum genießen. Dazu sind sie in der Lage, weil sie sich ihrer Macht sicher sein können und die Mehrzahl der anderen Podiumsteilnehmer inklusive des Moderators hinter sich wissen. Und so treten sie, wenn ein einziger Abweichler schon am Boden liegt, vor laufender Kamera noch einmal nach. Dabei muss der Typ Lustmörder nicht unbedingt sichtlich emotional vorgehen. Oftmals agiert er kühl aus seiner Expertise heraus, bleibt ruhig und sachlich. Doch weil »die Sache«, die ja eigentlich Verhandlungsmasse wäre, aufgrund der Kräfteverhältnisse in der Runde ohnehin als geklärt angesehen wird, kann er sie elegant als Mordinstrument nutzen.

Scheu und Impotenz hingegen offenbaren sich in Gesprächsrunden immer dann, wenn dem Mehrheitsdruck trotz eigener Zweifel nichts entgegengesetzt wird. Zwar regt sich das Gewissen, doch man beugt sich, druckst herum, betreibt Camouflage und will vor allem nichts Falsches sagen, was zu den bekannten Leerformeln und Anpassungsgesten führt. Nahezu unbemerkt dreht man das eigene Fähnlein nach dem Wind, um nicht selbst zum Opfer zu werden.

Würde Freud also in den Genuss heutiger TV-Sendungen kommen, wäre seine Diagnose recht klar: Das Spektakel der Talkshow verdankt sich einer fundamentalen Trieb-Unwucht mit strukturell starker Thanatos-Tendenz. Ähnlich fiele seine Analyse digitaler Phänomene aus: Psychoanalytisch gesehen sind Shitstorms nichts anderes als das Resultat einer gelungenen Interaktion zwischen Lustmördern und deren Followern.

Allerdings wäre Freud nicht Freud, würde er den Trieb einfach zur Privatsache erklären. Auch ist der Trieb nicht naturgegeben. Gesellschaftliche Bedingungen, Verbote und Imperative bringen das Triebleben in seiner konkreten Form erst hervor; öffentliche Räume und mediale Mechanismen lassen das Pendel in die eine (Eros) oder die andere (Thanatos) Richtung ausschlagen.

Elon Musks Spielwiese freier Rede etwa lebt eindeutig vom Vernichtungswunsch, der Klicks generiert, und gibt der Tötungslust ganz gezielt Raum. Thanatos strebt nach schnellstmöglichem Spannungsabbau: Bei X und Co. findet er die geeignete Plattform, der zerstörerische Affekt kann und soll sich unmittelbar entladen, um durch Tabubruch Aufmerksamkeit zu erzeugen. Dass dem, der gerade vernichtet wird, nicht in die Augen geschaut werden muss, vereinfacht die Sache: Dem Philosophen Emmanuel Lévinas zufolge ist es das »Antlitz«[10] eines Gegenübers, das den Tötungswunsch unterbindet, weil es an die Würde, die Verletzlichkeit, die Menschlichkeit des anderen gemahnt. In den »sozialen« Netzwerken existiert dieses Hindernis nicht; und vielleicht sind sie gerade deshalb so beliebt.

Dass zivilisierte Menschen, die sogar hochsensibilisiert sein mögen für politisch korrektes Verhalten, unter bestimmten äußeren Bedingungen noch die rudimentärsten Höflichkeitsregeln fahren lassen, ist mit Freud leicht erklärbar: Weil in jedem Menschen der Todestrieb wohnt, ist es Aufgabe der Kultur, dieser gewaltsamen Seite in uns Rechnung zu tragen. Meint: Eine Kultur, die nur höchste Sittsamkeit verlangt, dabei aber die in uns allen existente Tötungslust vernachlässigt, bekommt früher oder später die Quittung. Sobald sich ein geeigneter Raum öffnet, entlädt sich der Destruktionswille wie ein Schnellfeuergewehr. Freud formulierte diese Gedanken vor über hundert Jahren am Beginn des ersten Weltkrieges, der ihn vor die Frage stellte, warum normale gesittete Bürger plötzlich mit Freude zur Waffe greifen. In pazifizierten Gesellschaften wird das Schlachtfeld ins Digitale verlagert. Die Profiteure des Digitalkriegs sind einzig die Konzerne, die es bereitstellen.

Während der digitale Strukturwandel technologisch Thanatos in die Hände spielt, begünstigen Großkrisen im Feld der Meinungen starke Bindungskräfte im Sinne libidinöser Gehorsamkeit. Um es mit einem Bild zu veranschaulichen: Gerät das Schiff ins Wanken, ist – ganz im Sinn des Lebenstriebs, der auf Selbsterhaltung zielt – erotische Bindung an Autoritäten gefragt. In krisengeschüttelten Zeiten gelten abweichende Meinungen schnell als eine Form gefährlicher Meuterei. Wenn der Kapitän sagt: Segel setzen!, und eine Gruppe von Rebellen oder vielleicht sogar die halbe Mannschaft verweigert sich, droht das Schiff im Sturm zu kentern.

Allerdings gilt das nur, wenn die Großwetterlage tatsächlich richtig eingeschätzt wird. Sind meteorologische Restzweifel nicht auszuräumen (Ist eine allgemeine Impflicht wirklich alternativlos? Brauchen wir Schulschließungen? Können Waffenlieferungen der Ukraine tatsächlich zum Sieg verhelfen? Wäre der Kompromiss »Land gegen Frieden« automatisch der Startschuss für ein neues russisches Imperium? Usw.), sorgen entsprechende Anordnungen respektive die Aberkennung öffentlicher Äußerungsfähigkeit verständlicherweise für Unmut.

Heißt: Werden die Grenzen des Sagbaren eng gezogen, um

gesellschaftlichen Zusammenhalt in schweren Zeiten zu gewährleisten, erreicht man unter Umständen das genaue Gegenteil: An die Stelle der Bindung tritt der Zerfall.

In einer Streitkultur im Freud'schen Sinn wäre das Mischungsverhältnis zwischen den Antagonismen stimmig. Aggressive Affekte fänden eine sozial verträgliche Form, ohne die Differenz und die lebendige Kraft der Widerrede dabei preiszugeben. Es würde gekämpft, aber niemand vernichtet. Und an die Stelle eines Konsenses, der vorausgesetzt wird, ohne dass in der Gesellschaft eine solche Einigkeit in Bezug auf eine konkrete Frage bestünde, träte die Offenheit eines argumentativen Schlagabtauschs, dessen Ende mit Spannung zu erwarten wäre.

Wollten wir also heute von Freud lernen, wäre dies seine Botschaft: Bindung entsteht nur, wo der Widerspruchsgeist nicht unterdrückt wird. Nur wo Aggressionen zur Sprache kommen, kann ihre zerstörerische Kraft in sozialen Zusammenhalt verwandelt werden. Nur wo die Differenz Raum hat, sind »größere Einheiten« möglich.

DU – ÜBERHAUPT

»›O mein Gott, das ist so ein typischer Jack-Satz. Wie aus dem Bilderbuch.‹«

›Was soll das denn wieder heißen?‹

Sie starren einander einen Augenblick lang an. Es ist still, sie sind allein, der Boden ist staubig, und es könnten ebenso gut kleine Steppenläufer zwischen ihnen umherwehen, so sehr ähnelt die Szenerie plötzlich dem ehelichen Gegenstück eines Duells: zwei Scharfschützen, die einander taxieren.«[11]

So beschreibt der Schriftsteller Nathan Hill den beginnenden Streit eines Paars in seinem Roman *Wellness.* Die beiden stehen im dreckigen Rohbau ihrer »Traumwohnung«. Noch können Jack und Elisabeth sich entscheiden, die Pistolen im Halfter zu lassen. Noch ist es nicht zu spät, auf Gewalt zu verzichten und aufeinander zuzugehen. Ein heikler Moment, der in beide Richtungen offen ist: Besonnene Pazifizierung oder blutige Schlacht. Und um es direkt vorwegzunehmen: Die Sache geht nicht gut aus.

Intimbeziehungen besitzen, das zeigt nicht nur meine Kindheitserfahrung, ein spezifisches Eskalationspotential. Während sich mit Bekannten oder Kollegen vergleichsweise leicht streiten lässt, ohne dabei Schläge unterhalb der Gürtellinie auszuteilen, werden Auseinandersetzungen unter Paaren nachgerade blitzartig persönlich und verletzend, arten aus in einen Kampf um Leben und Tod.

Aber warum birgt der Intimkrieg eine solche Explosivität? Weshalb gehen sich ausgerechnet Menschen, die sich nah sind, verbal derart schnell an die Gurgel? Antworten finden sich in Georg Simmels Abhandlung *Der Streit* aus dem Jahr 1908, die immer noch von hoher Aktualität ist. So rasant die Welt sich wandelt, ist die DNA der Beziehungsgrausamkeit heute offenbar immer noch dieselbe.

Simmel analysierte die Eskalationsdynamiken in Nahverhältnissen mit größter Klarsicht – und war doch weit davon entfernt, Paaren Harmonie anzuempfehlen. Vielmehr arbeitet er die Unerlässlichkeit des Streitens in Liebesbeziehungen präzise heraus. Denn, um es in Abwandlung des berühmten Helmut-Schmidt-Zitates zu sagen: Eine Liebe, in der nicht gestritten wird, ist keine. Und mit »Streit« meint Simmel nicht bloß vordergründige, alltägliche Streitigkeiten, sondern Konflikte, die bis zum Grund des Verhältnisses gehen.

Streit, so lautet Simmels zentrale These, bedeutet nicht einfach drohendes Chaos und Zerfall, sondern ist gerade umgekehrt eine »Vergesellschaftungsform«[12]. Erst durch Streit finden die Mitglieder einer Gruppe das rechte Verhältnis zueinander. Nähe und Distanz werden durch stete Dissonanzen austariert. Und: Kämpfe machen das Zusammenleben dynamisch, bewahren jede Ordnung vor tödlicher Erstarrung. »Eine Gruppe, die schlechthin zentripetal und harmonisch, bloß ›Vereinigung‹ wäre, ist nicht nur empirisch unwirklich, sondern sie würde auch keinen eigentlichen Lebensprozeß aufweisen«, sie ist »jeder Veränderung und Entwicklung enthoben«.[13]

Das gilt nun auch und gerade für Liebesbeziehungen, denen Simmel in seiner Abhandlung ein besonderes Interesse widmet. Konflikt und Bindung sind dialektisch miteinander verschränkt, »ein gewisses Maß von Mißhelligkeiten, innerem Auseinandergehen und äußeren Kontroversen mit alledem, was das Band schließlich zusammenhält«, sei auch für das Ehebündnis konstitutiv.[14] Und der Streit ist dabei eben nicht nur ein lästiges Übel, das man sich in festen Bindungen leider einkauft. Vielmehr kann gerade er ein Zeichen dafür sein, dass diese Bindungen wahre Substanz haben. Umgekehrt sind Verhältnisse, in denen Streit durch Höflichkeit und wechselseitiges Zuvorkommen vermieden wird, Simmel zufolge eher brüchig. Sie haben keine tiefe, verbindende Emotionalität, und um genau diesen Mangel an Gefühl zu vertuschen, so Simmel, lasse man es gar nicht erst so weit kommen. Paare, die auf solch konfliktvermeidende Weise agierten und »zu ganz übertriebenen Selbstlosigkeiten« neigten, fehle »die letzte, unbedingteste Hingebung des Gefühls«[15]. In Beziehungen aber, in denen diese Hingebung in der Tiefe gegeben ist, offenbart der Streit genau das: Man kann es sich leisten, hart zur Sache zu gehen. »Die stärkste Liebe kann am ehesten einen Stoß aushalten«, schlussfolgert Simmel, während »in geringeren Gefühlstiefen wurzelnde« Beziehungen fortwährend Harmonie brauchen, um sich über das Fehlen fester, emotionaler Verankerung hinwegzutäuschen.[16]

So weit, so gut. Gleichzeitig aber entgeht Simmel als wirklichkeitserprobtem Soziologen natürlich nicht, dass aus einem »Stoß« sehr schnell ein ultimativer Vernichtungsschlag werden und, wie er es formuliert, »der Zwist unter intimen Menschen tragischere Folgen als unter fremderen haben kann«[17] – womit wir wieder bei Jack und Elisabeth wären.

Kehren wir also noch einmal zurück zu jener Szene aus Hills Roman, in der sich die beiden »wie Scharfschützen« gegenüberstehen. Und das, obwohl sie durchaus zu jenen Paaren zählen, die, ganz im Sinne Simmels, tief verbunden sind: Seit 20 Jahren haben sie eine Beziehung, wissen wechselseitig um ihre problematischen Kindheiten, erkennen sich im jeweils anderen, fühlen sich seelenverwandt, und zwar gerade aufgrund ihrer biographisch bedingten Verwundungen. Weshalb man allzu gern annehmen möchte, dass sie diese Verbundenheit auch jetzt, in diesem Augenblick der Entscheidung, davon abhält, bis zum Äußersten zu gehen.

»Wie die meisten Ehepaare«, so heißt es an besagter, brenzliger Stelle weiter, »verfügen sie über ein größtenteils unausgesprochenes Regelwerk, das festlegt, wie gestritten wird – vor allem was ein fairer und was ein schmutziger Streit ist, wie man produktiv oder unproduktiv streitet. Und sie wissen, eine der schmutzigsten und unproduktivsten Arten zu streiten besteht in Verallgemeinerungen, in abstrakten Pauschalaussagen, darin, sich etwas in einem einzelnen Augenblick Gesagtes herauszupicken und zu behaupten, es sei ›immer‹ so, einen kleinen Fehltritt als Anlass zu nehmen, große Löcher in die Persönlichkeit oder den Charakter des anderen zu schießen.«[18]

Diese Beschreibung weist uns auf wesentliche Punkte hin, die Simmel bereits am Anfang des 20. Jahrhunderts analytisch genau herausarbeitet. Entscheidend sind zwei dialektisch verschränkte Momente, die den Streit unter Paaren von einem Streit unter Fremden klar unterscheiden: Nämlich erstens das

»Herauspicken« von Kleinigkeiten und zweitens die »Verallgemeinerungen«. Dass minimale Anlässe in Nahverhältnissen plötzlich riesig werden können, erklärt Simmel damit, dass Paare, anders als Fremde, »viel Gemeinsames« haben, »so daß jeder kleinste Antagonismus eine ganz andre relative Bedeutung hat als zwischen Fremderen, die beiderseitig von vornherein auf alle möglichen Differenzen gefaßt sind«[19]. Gerade dann also, wenn Menschen Vieles teilen, können »die wunderlichsten Kleinigkeiten« und »Lappalie(n)« sie brutal entzweien: Inmitten der »großen Gleichheit« wird »die Schärfe des Gegensatzes als etwas ganz Unerträgliches fühlbar«[20].

Noch entscheidender aber ist das zweite Moment, das unauflöslich mit dem ersten verbunden ist: Die Kleinigkeit wird plötzlich zum Kennzeichen der ganzen Person. Ob offene Zahnpastatube oder ein falsches Wort am Frühstückstisch, die Kleinigkeit steht als pars pro toto für den Menschen an und für sich. Und so kippt jede sachliche Debatte blitzschnell in eine Attacke auf den Partner selbst, der mit Haut und Haaren in den Streit hineingerissen wird. »Je mehr wir als ganze Menschen mit einem andern gemein haben«, schreibt Simmel, je mehr wir uns mit ihm »sozusagen identisch fühlen«, desto persönlicher und totalitärer wird ein Streit geführt. Der Soziologe bringt das auf die Formel: »Du – überhaupt.«[21]

In einem Streitgespräch unter Fremden ist diese Gefahr der Totalisierung von vornherein gebannt, denn »dem Fremden, mit dem man weder Qualitäten noch weitere Interessen teilt, steht man objektiv gegenüber, man reserviert die eigene Persönlichkeit, deshalb nimmt die einzelne Differenz nicht so leicht den ganzen Menschen mit.«[22] In Intimbeziehungen dagegen ist die eigene Persönlichkeit nie außen vor. Jede Winzigkeit wird zum »Gewand für die ganze Seele«[23]. Mit anderen Worten: Was der andere sagt oder tut, ist nie nur für sich genommen gültig, kann nicht getrennt werden vom Rest, sondern es ist immer das Ganze, was sich zeigt. Simmel formuliert das so: »Einmal so verbundene Menschen sind zu sehr gewöhnt, in die Seiten, die sie sich gerade zuwenden, die Totalität ihres Seins und Fühlens hineinzulegen, um nicht auch den Streit mit Akzenten und gleichsam mit einer Peripherie auszustatten, durch die er weit über seine Veranlassung und ihre objektive Bedeutung hinauswächst und die Gesamtpersönlichkeiten in die Entzweiung hineinreißt.«[24]

Sätze, an denen sich ein solches Hineinreißen gut erkennen lässt, enthalten Wörter wie »immer«, »typisch« und »wieder«, um anzuzeigen, dass sich aus einem einzigen Streitpunkt der (erbärmliche!) Gesamtcharakter des anderen erschließen lässt.

»Das ist so ein typischer Jack-Satz.« – »Was soll das denn wieder heißen?« Wer einmal in den Strudel eines solchen Schlagabtauschs hineingerät, kommt schwer wieder heraus. Angriff erzeugt Gegenwehr, jede Verletzung schreit nach Vergeltung, und so schrauben sich die Streitparteien immer tiefer hinein in eine Kampflogik, in der jeder Hieb, jeder Stich möglichst tief gehen muss, um den anderen endlich in die Knie zu zwingen. Und naturgemäß funktioniert der Vernichtungsmodus umso besser, je genauer man um die Wunden des anderen weiß. Was einst die intime Beziehung begründete, wird zur grausamen Waffe.

Was Georg Simmel im Jahr 1908 allerdings nicht vorhersehen konnte: Die Streitdynamik von Intimbeziehungen hat sich inzwischen in die Öffentlichkeit übertragen. Grund hierfür ist der technologische Wandel, der damit einhergehende Anspruch an das Verhalten anderer und die Leichtigkeit, mit der »Gesamtpersönlichkeiten«[25] vernichtet werden können. Genauer: Die Dialektik aus Kleinigkeit und tödlicher Verallgemeinerung (»immer«, »typisch«) ist das Wesensmerkmal der Digitalwelt-Dynamik. Die »Lappalie« wird zum Politikum, weil Kameras dank Smartphone allgegenwärtig und aus Empfängern auch Sender geworden sind. Ein Lachen im falschen Augenblick – auch wenn es sich in dritter oder vierter Reihe ereignet – kann so leicht zum Verhängnis werden. Ein Halbsatz, geäußert in einer Talkshow, macht bei Social Media die Runde und gilt als Ausweis der ganzen Person, die diesen herausgerissenen Satzfetzen in einem bestimmten Zusammenhang und in einer bestimmten Situation hervorgebracht hat.

Zugespitzt formuliert: Der Streit unter Fremden hat sich dem Streit unter Liebenden angeglichen, weil durch die tyrannische Intimität[26] der Digitalwelt niemand mehr im eigentlichen Sinne fremd ist. Der Narzissmus des Begehrens, dass mein Gegenüber mir gleichen soll, ist zum gesellschaftlich-medialen Funktionsmechanismus avanciert. Auf öffentliche Personen reagiert man folglich ganz ähnlich wie auf Intimpartner: Antagonismen werden »als etwas ganz Unerträgliches« (Simmel) empfunden und nie punktuell für sich genommen, sondern immer als Symptom der ganzen Persönlichkeit gelesen. »Du – überhaupt.« Sich aus dieser Schlinge herauszuwinden, ist, wie in der Liebe, alles andere als leicht.

DIE SPRUNGFEDER DES MUTS

Das große, ungelöste Rätsel, das mich während meines Studiums untergründig immer weiter beschäftigte, war meine Mutter, zu der ich in jenen Jahren keinen Kontakt hatte. Sie war die Leerstelle, die ich durch Aristoteles, Hegel oder Kant füllen wollte, ohne dass ich es merkte. In den Seminaren, die ich besuchte, beschäftigte mich die »Phänomenologie des Geistes« oder die »Grundlegung zur Metaphysik der Sitten«, in der Tiefe aber ging es immer um die Frage, warum diese mutige, kluge, unangepasste Frau, die mich geboren hat, die ich als Mädchen so sehr bewunderte und die mich in allem, was ich tat, bedingungslos bestärkte, ihre Beziehungen nicht aufrechterhalten konnte, auch nicht die zu ihren Kindern. Kants kategorischer Imperativ konnte mir hier nur begrenzt weiterhelfen. »Handle so, daß die Maxime deines Willens jederzeit zugleich als Prinzip einer allgemeinen Gesetzgebung gelten könne«[27]: Wenn nur alle so rational wären. In meiner Mutter aber walteten ganz andere Kräfte, die sich vor allem im Streit Bahn brachen.

Hier ist wohl der Grund dafür zu finden, warum ich mich zu Freud schon damals mehr hingezogen fühlte als zu Kant. In der Psychoanalyse sind Affekte der Zugang zum Unbewussten, in der Philosophie Kants hingegen ein Störfeuer, das ablenkt von der Pflicht, dem Gesetz in mir zu gehorchen: der Vernunft.

Wer vernünftig ist, lässt sich nicht durch Affekte bestimmen, sondern hat sie so fest im Griff, dass sie im Idealfall unbemerkt bleiben. Wer vernünftig ist, rastet nicht aus und schmeißt auch keine Teller an die Wand wie meine Mutter. Wer vernünftig ist, folgt ruhig und beflissen dem zwanglosen Zwang des besseren Arguments, bis sich alle einig sind.

Es mag an meinen Kindheitserfahrungen liegen, dass mir diese Kantische Welt, diese klar kategorisierte, geregelte, aufgeräumte Welt mit Drall zur Spießigkeit, immer ein wenig fremd geblieben ist. Als Kind hatte ich eine solche Atmosphäre eher bei den Nachbarskindern erlebt, wo alles seinen Platz hatte und kaum je gestritten wurde, zumindest nicht nennenswert. Die Welt meiner Freunde war die Welt der Einbauschränke, der reibungslosen Abläufe und getrennten Zuständigkeitssphären, der Sonntagsnachmittagsbrettspiele und der stets wie unbenutzt wirkenden Ehebetten. In meiner Welt hingegen (wir wohnten in einem alten Haus, in dem immer irgendetwas kaputt oder baufällig war) war alles aus krummem Holz. Schiefe Dielen, verzogene Türen mit herausgebrochenen Glasscheiben (vor allem unsere Küchentür wurde im Streit oft mit Wucht zugeworfen), über dem Bett meiner Mutter und meines Stiefvaters Hieronymus Boschs Tryptichon »Der Garten der Lüste« – das war mein Zuhause, das in mir aufgrund des ständig drohenden Ehekriegs starke Fluchtreflexe auslöste (ich habe weite Teile meiner Kindheit auf dem Fußballplatz und in Sporthallen verbracht) und gleichzeitig immer mit Fragen und Faszination verbunden war. Der brüchige Dachboden, den wir eigentlich nicht betreten durften, der verwilderte Garten mit der verfallenen Scheune, in der wir Katzenbabys fanden, unser Gewölbekeller, in dem es »geheime Gänge« und dicke, schwarze Spinnen gab: All das war Abenteuer, reizte, Verbotenes zu tun.

Die Ordnung in den Häusern meiner Freundinnen brachte mich zur Ruhe, doch insgeheim wusste ich wohl schon damals, dass Spontaneität, Lebendigkeit und Neugier ein gewisses Maß an Chaos brauchen. Und wenn ich andere Mütter dabei beobachtete, wie sie in der Küche werkelten und dabei zufrieden wirkten, war ich hin- und hergerissen zwischen dem Gefühl tiefer Zuneigung und der Frage, ob sie sich nicht zu Tode langweilten und worüber sie wohl nachdachten, wenn sie allein sind. Die Impulsivität meiner eigenen Mutter, ihr unentwegter Freiheitskampf, ihr ständiges Ringen um ihre Rolle in der Familie, ihr innerer Zwiespalt zwischen dem Wunsch, für uns da zu sein, und dem, sich in der Arbeit zu verwirklichen, ihre Tendenz, notorisch andere für ihr Unglück verantwortlich zu machen – all das barg brodelndes Destruktionspotenzial. Aber, und diese Seite erkannte ich erst viel später: Immerhin ging es ihr um etwas. Nämlich um sich selbst. Ihre Autonomie. Um den Ausgang aus der selbstverschuldeten Unmündigkeit. Um ihre Freiheit als Frau. Gerade bei uns auf dem Dorf sah sie sich mit Ansprüchen konfrontiert, die sie nicht erfüllen konnte und wollte. Ihre Erfahrungen mit ihrem eigenen Vater hatten in ihr ein hypersensibles Sensorium für patriarchale Übergriffigkeit installiert, was jederzeit zu einer Explosion beim Sonntagsfrühstück führen konnte; doch gleichzeitig waren dieses Sensorium und ihre damit einhergehende Reizbarkeit die Bedingung dafür, dass sie in die Tat umsetzte, worum es doch gerade auch Kant ging: Sie gab sich ein eigenes Gesetz, ohne Leitung eines anderen.

Natürlich ist die Eigengesetzlichkeit meiner Mutter mit den Anforderungen des kategorischen Imperativs nicht vereinbar. Unter Autonomie verstand Kant nicht, dass man einfach tun und lassen kann, was man will, egal, welche Konsequenzen daraus für andere folgen, sondern es geht darum, aus innerer Freiheit heraus Maximen zu gehorchen, die verallgemeinerbar sind; »Verlasse deine Kinder und brich den Kontakt zu ihnen ab, um noch einmal zwei neue zu bekommen« (meine Mutter hat nach ihrem Weggang zum dritten Mal eine Familie gegründet) gehört wohl kaum dazu. Insofern hatte Kant selbstverständlich einen Punkt, wenn er »Neigungen« problematisierte; Gefühle sind viel zu unzuverlässig, um auf sie eine Moral zu gründen.

Und doch: Kant kann mir nicht befriedigend erklären, wie ein Mensch sich aus einer falschen Ordnung befreien könnte ganz ohne starke Affekte, ohne einen entsprechenden inneren Drang, ja, ohne ein gewisses Maß an Irrationalität. Wie lässt sich Mut begreifen – den wir Kant zufolge ja brauchen, um uns des eigenen Verstandes zu bedienen –, ohne dass dabei ein emotionaler Antrieb im Spiel wäre? Noch der besonnenste Mut braucht eine affektive Sprungfeder, die mich aus einer sicheren Situation ins Ungewisse katapultiert und mich Risiken zur Erlangung meiner Ziele in Kauf nehmen lässt.

Das gilt auch für den Mut in Debatten: Den Kampf gegen eine harte Meinungsfront, egal ob am Küchentisch, bei X oder in Talkshows, nimmt niemand nur aus Vernunft auf. Versteht man die Vernunft gar instrumentell (das heißt rein auf den eigenen Vorteil bedacht, was Kant nicht tat), gebietet sie sogar das gerade Gegenteil: Wer will schon einen Shitstorm ernten.

Im Zweifelsfall besser nichts sagen. Sonst gibt es nur Scherereien, deren Folgen nicht zu überblicken sind.

Wenn mir eines in meiner krisengeschüttelten Kindheit nicht in die Wiege gelegt wurde, dann ist es Konformismus. Meine promiske Mutter war in ihren aktivsten Zeiten ein wandelnder Skandal in unserem Dorf. Zumal sie auch aus ihrer linken politischen Gesinnung keinen Hehl machte. Uns Kinder bat sie oft, ihr beim Verteilen von Flugblättern gegen Aufrüstung und Atombomben zu helfen. Was wir bereitwillig taten, denn der damals in den achtziger Jahren übliche Probealarm der Dorffeuerwehr und die tief fliegenden Düsenjäger machten uns tatsächlich Angst. Und wenn Herr Menzel von nebenan den Zettel mit der Friedenstaube und der zusammengeknoteten Kanone darauf, den ich ihm gerade gegeben hatte, wutentbrannt zusammenknüllte, entgegnete ich ihm kühl, was meine Mutter mir vorher für einen solchen Fall mit auf den Weg gegeben hatte: dass er dann eben selbst schuld ist, wenn ihm eine Rakete auf den Kopf fällt.

Sicher, ich habe unter der selbstbezogenen, ungezügelten Emotionalität meiner Mutter gelitten, doch ich habe auch etwas Wesentliches von ihr gelernt: *Im Zweifelsfall ist es egal, was die Nachbarn sagen.* Eine Einsicht, die man sich gerade in diesen Zeiten groß über den Schreibtisch hängen möchte.

GRENZEN DER VERNUNFT

Im November 2016, gut ein Jahr nach Angela Merkels folgenreichem Satz »Wir schaffen das«, gab Jürgen Habermas den »Blättern für deutsche und internationale Politik« ein langes Interview. Der Philosoph sprach sich damals dagegen aus, sich mit Politikern der AfD überhaupt ernsthaft auseinanderzusetzen. Anstatt mit »dieser unsäglichen Truppe« zu streiten, plädierte er für entschiedene Ignoranz: »Nur Dethematisierung könnte dem Rechtspopulismus das Wasser abgraben«, so Habermas; wer ihm hingegen »Aufmerksamkeit statt Verachtung« schenke, dürfe »von der Zivilgesellschaft nicht erwarten, dass sie rechte Parolen und rechte Gewalt ächtet«[28].

Der Frontlinie »›Wir‹ gegen das System«, die von rechts definiert werde, erteilte Habermas eine klare Absage. Die politische Polarisierung müsse sich vielmehr »*zwischen* den etablierten Parteien um sachliche Gegensätze kristallisieren«[29]. Für den Umgang mit AfD-Wählern empfahl er den Politikern dieser Parteien: »Sie sollten diese Art von ›besorgten Bürgern‹, statt um sie herumzutanzen, kurz und trocken als das abtun, was sie sind – der Saatboden für einen neuen Faschismus.«[30]

In diesen Aussagen zeigt sich der Kern und gleichzeitig die Sollbruchstelle des herrschaftsfreien Diskurses, dessen tragendes Prinzip die Vernunft ist. Unter den Diskursteilnehmern, so besagt dieses Modell, solle in einer idealen Sprechsituation der

»zwanglose Zwang des besseren Argumentes« gelten, um so frei und vernunftgeleitet einen gemeinsamen Willen herauszubilden. Auf der Basis eines solchen rationalen Diskurses könnten alle moralischen und rechtlichen Normen von allen Teilnehmern mit guten Gründen bejaht werden.

Was sogleich die Frage aufwirft, wie sich die oben zitierten Sätze, die auf »Dethematisierung« bestimmter politischer Positionen abzielen, in diese Diskurslogik fügen. Wenn der herrschaftsfreie Diskurs wirklich auf dem Prinzip der Deliberation, also der freien Beratschlagung aller Betroffener beruht: Müssten dann nicht strenggenommen auch AfD-Politiker wie -Anhänger am Tisch Platz finden? Wie sonst könnte ein Diskurs wahrhaft herrschaftsfrei sein?

Womit wir bei der empfindlichen Stelle der Diskursethik wären – denn die Vernunft ist bei Habermas nicht nur das regulative Kommunikationsprinzip, sondern gleichzeitig konstitutiv für das Zustandekommen des Diskurses. Genauer: Mit »regulativ« ist gemeint, dass sich die Vernunft im Diskurs nach und nach durchsetzen soll, was, so Habermas, schlussendlich zum Konsens führt. »Konstitutiv« ist die Vernunft insofern, als jeder Diskursteilnehmer in seiner Rede vier Bedingungen erfüllen muss: Verständlichkeit, Wahrheit, Richtigkeit und Wahrhaftigkeit. Diese Bedingungen wiederum treffen sich laut Habermas in der Vernünftigkeit. Woraus folgt, dass die Vernunft auch die Eintrittskarte in den Diskurs ist: Was sich durchsetzen soll, muss von vornherein gegeben sein.

Auch wenn natürlich nicht von der Hand zu weisen ist, dass Kommunikation nur gelingt, wenn wir einander nicht anlügen oder Falschbehauptungen kursieren, wurde Habermas für diesen Zirkelschluss vielfach kritisiert.[31] Denn ist bei Sachfragen immer glasklar, was richtig, wahrhaftig, wahr ist? Oder steht genau das zur Disposition?

Zugespitzt könnte man die Kritik so formulieren: Irrational sind für Habermas Äußerungen, die sich den anderen Diskursteilnehmern nicht erschließen. Was bedeutet: Fundamentales Nichtverstehen und unüberwindbare Differenzen innerhalb einer Diskursgruppe sind im vernunftbasierten Konsensmodell von Habermas schlicht nicht vorgesehen.

Doch sind genau diese Grabenkämpfe häufig die schmerzliche kommunikative Realität. Zumal in unseren Tagen, der Zeit der nervenaufreibenden Großkrisen. Tatsächlich musste Habermas im Jahr 2022 selbst erfahren, was es bedeutet, nicht verstanden zu werden, als er die Waffenlieferungen an die Ukraine in der Folge des russischen Angriffskrieges kritisierte. Im Netz und in vielen Leitmedien wurde der Philosoph scharf und polemisch attackiert. Plötzlich war er derjenige, dem man Unvernunft und regressive Russlandtreue attestierte. Ja, plötzlich fand er sich in der Schmuddelecke der »Russlandversteher« wieder, in der ausgerechnet auch die AfD hauste!

Mit dem rationalitätsbasierten Konsensmodell, das Habermas vorschlägt, lassen sich solche Debattenphänomene nur schwer erklären, denn in zeitgenössischen Streitfragen herrscht tiefe Uneinigkeit darüber, was überhaupt als vernünftig, als wahr und richtig zu gelten hat.

Und, so könnte man fragen: Ist das nicht vielleicht sogar gut so und gerade ein Anzeichen lebendiger Streitkultur? Denn wenn bloß diejenigen zum Diskurs zugelassen werden, die im Grunde bestimmte Normen und Werte teilen, was sie im Augenblick vielleicht nur noch nicht wissen: Besteht dann nicht die Gefahr, dass am Ende ausschließlich die miteinander diskutieren, die sich in den heiklen Punkten ohnehin einig sind? So gesehen wäre der herrschaftsfreie Diskurs in Wahrheit eine Streitvermeidungstheorie, damit etabliert bleibt, was etabliert ist und bestimmte Gewissheiten gar nicht erst angetastet werden.

Gleichzeitig spricht vieles dafür, Habermas angesichts der drastischen und gezielten Grenzüberschreitungen von AfD-Politikern sogar entschieden zuzustimmen. Nur wenige Wochen bevor Habermas den »Blättern« sein Interview gab, hatte der Thüringer AfD-Fraktionsvorsitzende Björn Höcke bei einem Sommerfest vor jubelnden Anhängern mit Blick auf die etablierten Parteien von »entarteter Politik« gesprochen und seinen rechtsextremen Flügel als »letzte evolutionäre Chance für unser geliebtes Vaterland« bezeichnet. Will, ja sollte man wirklich ernsthaft mit Menschen streiten, die erwiesenermaßen gezielt nationalsozialistisches Vokabular verwenden und den Holocaust zum »Vogelschiss« in der Geschichte erklären, wie Höckes Parteikollege Alexander Gauland in einem vielbeachteten Tabubruch dies tat? Wie wäre dann noch zu verhindern, dass eine solche Rhetorik wieder salonfähig, ein solches Denken politisch wieder mitbestimmend, gar bestimmend wird? Es gibt Gewissheiten, die preiszugeben die dunkle deutsche Vergangenheit wieder heraufbeschwören könnte. Sie müssen unangetastet bleiben, damit die Bundesrepublik ihr eigenes Fundament eines entschiedenen »Nie wieder« nicht untergräbt.

Gerade um diese Unantastbarkeit zu schützen, ist es notwendig, die Sollbruchstelle der Habermas'schen Diskursethik noch genauer auszuloten. In der Tat ist es bemerkenswert, dass Habermas auf die Kraft der Vernunft setzt, während seine geistigen Väter Theodor W. Adorno und Max Horkheimer diese in der *Dialektik der Aufklärung* ganz grundsätzlich als unterdrückerische Bewusstseinsstruktur und gefährliches Identitätsdenken problematisierten. Zwar teilt Habermas sehr wohl die Kritik von Adorno und Horkheimer an der instrumentellen, verdinglichenden Vernunft, wie sie sich in Reinform im Faschismus zeigt. Gleichzeitig aber hat er sich zur Aufgabe gemacht, »einen umfassenden Begriff von Vernunft zu rehabilitieren«[32], um seine Theorie kommunikativer Rationalität überhaupt formulieren zu können.

Ich kann und will hier nicht detailliert in die Auseinandersetzung von Habermas mit Horkheimer und Adorno einsteigen.[33] Vielmehr geht es mir darum, zu zeigen, inwiefern die Vernunftkritik, wie sie in der *Dialektik der Aufklärung* zum Ausdruck kommt, recht leicht gegen das diskursethische Unternehmen gewendet werden kann, qua Vernunft sprachliche Aushandlungsprozesse zu regulieren.

Aufklärerische Rationalität, so arbeiteten Adorno und Horkheimer in der *Dialektik der Aufklärung* heraus, sei unauflöslich verbunden mit einem Willen zur Macht. Beherrscht werden muss die äußere Natur, um sie sich zu Diensten zu machen, und beherrscht werden muss auch die innere Natur, also Triebe, Affekte, Gefühle. In Homers Held Odysseus, der den Verlockungen der tödlichen Sirenen durch die List der Vernunft entkommt, sahen Adorno und Horkheimer entsprechend den Prototypen der aufgeklärten bürgerlichen Subjektivität: Odysseus ist »das Selbst, das immerzu sich bezwingt«[34] und so die Kontrolle behält. Auch das abstrakte, systemische Denken, in dem das Besondere einem Allgemeinen untergeordnet wird, sahen die Philosophen als charakteristisch an für die Herrschaft der Vernunft. Um diese Herrschaft aufrechtzuerhalten, muss das »Inkommensurable« getilgt werden. Aufklärung, schreiben Horkheimer und Adorno, »schneidet das Inkommensurable weg«[35]. Und: »Was anders wäre, wird gleichgemacht.«[36] Denn: »Es darf überhaupt nichts mehr draußen sein, weil die bloße Vorstellung des Draußen die eigentliche Quelle der Angst ist.«[37]

Man könnte es Ironie der Geschichte nennen, dass diese »Dialektik der Aufklärung« just jenen, denen Habermas eigentlich das Wort entziehen will, im politischen Kampf um Wählerstimmen geradewegs in die Hände spielt. Anders gesagt: Es wäre für die AfD ein Leichtes, sich die Ausführungen Adornos und Horkheimers anzueignen und sie gegen das vernunftgeleitete Ausschlussdenken des Habermas'schen Diskursprinzips zu wenden. Das entsprechende Narrativ geht so: Die Alternative für Deutschland – so lautete entsprechend die Kritik von rechts im Fahrwasser der Kritischen Theorie – ist das gefahrvolle »Draußen«, das im totalitären System der linksliberalen Vernunft keinen Platz hat und »die eigentliche Quelle der Angst ist«. Die AfD ist für die geschlossene Vernunftwelt des Jürgen Habermas das Andere, Irrationale. Sie ist das, was es nicht geben darf, weil sich an ihr offenbart, dass die »Vernunft« in Wahrheit nur eine Chiffre für Macht ist. Von hier aus ist es nur noch ein kleiner Schritt zu der Behauptung, die wahren Faschisten seien die »grünversifften Diskurspolizisten«, die Andersdenkenden den Mund verbieten, um die Herrschaft über den Diskurs zu behalten. Natürlich gehorcht eine solche Rhetorik einem altbekannten Opfernarrativ, das lautstarken parlamentarischen respektive gesellschaftlichen Widerspruch absichtsvoll als »Propaganda« und »Meinungsdiktatur« missdeutet. Gleichzeitig aber ist nicht von der Hand zu weisen, dass die AfD für Habermas in der Tat die inkommensurable, irrationale, affektgesteuerte, »unsägliche Truppe« ist, die Bürgerinnen und Bürger verführt; ähnlich wie einstmals die Sirenen den Helden Odysseus, nur mit dem Unterschied, dass die AfD-Sirenen dieses Mal Erfolg haben könnten. Spiegelbildlich dazu verortet Habermas sich und seine politische Agenda, deren Fundament das »Nie wieder« ist, selbstgewiss im Reich des Rationalen. Überspitzt formuliert: Der Chef-Theoretiker der Frankfurter Schule geriert sich wie ein Odysseus im Meer gefahrvoller Meinungen, vor denen es die affizierbare Bevölkerung zu schützen gilt.

In ihrem Buch »Das Andere der Vernunft« haben die Brüder Gernot und Hartmut Böhme eine solche Selbstgewissheit mit Blick auf die Rationalitätsstrukturen im Werk Immanuel Kants eine »Exterritorialisierung von Affekten«[38] genannt. Von Affekten geleitet sind immer die anderen, weil Affekte die pathische, passive Dimension der Existenz offenbaren. Affekte untergraben die Selbstkontrolle; man wird affiziert, gar überwältigt, von etwas, ohne dagegen etwas ausrichten zu können.

In der Diktion von Habermas zeigt sich diese Dynamik der

Gefühlsauslagerung, wenn er im besagten »Blätter«-Interview von den »Affekte(n) des Herrn Meuthen«[39] spricht. Oder wenn er sagt, dass dem rechtspopulistischen Protest angesichts der gegenwärtigen politischen Lage, die keine Perspektiven biete, »nur noch der Rückzug ins Expressive und Irrationale«[40] bleibe. Affekte werden konsequent auf die Gegenseite projiziert, wodurch nolens volens das altbekannte Klischee eines arroganten Elitismus aufgerufen wird, dass gerade Höcke und Co. gerne ins Feld führen. Um es mit den Worten des Historikers Per Leo zu sagen, der die Affektprojektion ebenfalls als ein zentrales Problem im Umgang mit der AfD analysiert: »Hier das bodenständige Empfinden des Volkes, dort die abgehobene Elite, deren verkopfte Moral zu einer Entfremdung von der Wirklichkeit geführt hat (…)«[41].

Doch sind diese unfreiwilligen Vorlagen für Rechtsextremisten nicht einmal das größte Problem. Noch schwerwiegender ist, dass die, die sich auf der Vernunftseite wähnen, verkennen, dass Affekte sich nicht in Luft auflösen, nur weil man sie bei sich selbst nicht sehen will. Genauer: Wenn Horkheimer und Adorno recht hatten und das »Draußen die eigentliche Quelle der Angst« ist, entkommt auch Habermas seinen eigenen Affekten nicht. Vielmehr verhält es sich umgekehrt: Je unbedingter der Wunsch ist, das Inkommensurable zu bannen, also aus dem Diskurs herauszuhalten, desto stärker fällt die Reaktion aus, wenn es sich eben doch im Innen, sprich: auf der politischen Bühne, bemerkbar macht. An die Stelle einer differenzierten Betrachtung der jeweiligen Äußerungen tritt dann schnell ein fast hysterischer Abwehrreflex: Man reagiert hochaffektiv, doch man merkt es gar nicht, weil der Affekt für den Betreffenden selbst als durch und durch rational erscheint.

So besteht die Gefahr, dass die Grenzen des Diskurses aus Angst vor dem »Draußen« mitunter zu rigide überwacht werden. Man kennt das aus vielfältigen shitstormanfälligen Debatten: Sobald sich ein anderes Denken artikuliert, das bestimmte Normen und Werte nicht teilt, setzt Panik und eine affektgesteuerte Hermeneutik des Verdachts ein. Und ich spreche hier gerade nicht von eindeutig faschistischen Äußerungen. Sondern vielmehr von Positionen, die sich in wesentlichen normativen Punkten von der eigenen Position unterscheiden – ob es der Umgang mit Migration, Pandemien oder Angriffskriegen ist. Solche Positionen mögen subjektiv eine Zumutung darstellen, weil man sie nicht teilt. Doch an dieser Stelle muss man genau hinschauen: Eine politisch fundamental andere Meinung, die eigene, linksliberale Wert- und Weltvorstellungen schmerzhaft herausfordert, ist nicht gleich faschistisch. Diese Differenz wird oft verwischt. Und so führt der »Quell der Angst« mitunter zu Überreaktionen, um dem »Inkommensurablen« besser zu früh als zu spät das Wasser abzugraben.

Nicht jedes Denken, das den eigenen Vorstellungen von Vernunft widerspricht, ist gleich ein »Saatboden« für einen neuen Faschismus. Überdies wäre zu fragen, ob eine Demokratie, die bereits die Potenzialität antidemokratischer Meinungsbildung – denn genau darauf spielt die Metapher des Saatbodens an – unterbinden will, sich nicht im Grunde selbst abschafft.[42] Der Versuch, vorschnell abweichende Positionen zu heiklen Fragen aus dem Diskurs zu verbannen, könnte zu einer fatalen Schwächung demokratischer Resilienz führen: Selbst solche politische Gegner, die trotz aller Differenzen Verbündete im Kampf gegen den Faschismus sein könnten, werden zu Feinden, zerfleischen sich gegenseitig. Der grinsende Sieger trägt den Namen Höcke und lässt sich derweil in Thüringen von seinen Fans bejubeln.

MACHT DES ALLGEMEINEN

Es gibt Systeme, die sind für Streit nicht ausgelegt. Jenen Radiosender, für den ich tätig war, habe ich als ein solches System erlebt. Mein Versuch, streitbare Positionen und abweichende Meinungen in dieses System hineinzutragen, scheiterte. Nach nicht einmal 12 Monaten reichte ich die Kündigung ein.

Meine Stelle als leitende Redakteurin beim öffentlich-rechtlichen Rundfunk begann Ende 2016. Einige Wochen zuvor war die Freiburger Studentin Maria L. von Hussein K., einem illegal eingereisten und vorbestraften Flüchtling, ermordet worden. Ich erinnere mich, wie in einer Sitzung, die ich an meinem ersten Arbeitstag erlebte, über den Umgang mit solchen Fällen gesprochen wurde. Wie darüber zu berichten wäre, ohne Hass gegen Flüchtlinge zu schüren, aber auch ohne etwas zu verschweigen. Die Diskussion war interessant und differenziert, doch sie war schon wieder vorbei, kaum dass sie begonnen hatte: Der Sender ist groß, die Zeit knapp. Die täglich stattfindende, für alle Redakteure obligatorische Sitzung, das merkte ich schnell, diente nicht primär der inhaltlichen Auseinandersetzung, sondern der Abstimmung untereinander. Wer macht was? Welche Sachverhalte gilt es »abzubilden«? Was muss wie und wann »geteasert« werden? Und wenn am Ende einer Sitzung noch inhaltliche Fragen offen waren, fiel die Formel: »Da denken wir dann noch drauf rum.« Was für mich immer ein bisschen nach ausgekautem Kaugummi klang, das man früher oder später ausspuckt, weil es keinen Geschmack mehr hat.

Auch standen viele Kollegen, mich eingeschlossen, unter Dauerstress, wofür nicht nur Sparmaßnahmen, sondern auch die digitale Transformation verantwortlich war. Die Ära des linearen Radios war gestern, wir Redakteure mussten zusätzlich zur Realisierung eigener Radiosendungen Podcasts erstellen und Online-Texte schreiben, die eigenhändig unter Zuhilfenahme der entsprechenden Programme zu bauen und im Netz zu veröffentlichen waren. Für inhaltliche Arbeit, ganz zu schweigen von großen Gesellschaftsfragen, über die es zu streiten gälte, weil sie auch den öffentlich-rechtlichen Rundfunk betreffen, gab es für mein Empfinden viel zu wenig Raum.

Ich hatte die Stelle beim Sender angenommen, weil es mich reizte, die Philosophie ins Radio zu tragen, ihr buchstäblich eine Stimme zu geben. Tatsächlich war ich für eine wöchentliche Philosophie-Sendung verantwortlich, darüber hinaus aber hatte ich diverse andere Löcher zu stopfen. Ich arbeitete in einer täglichen Büchersendung mit und war in leitender Position für den Bereich Literatur und Geisteswissenschaften zuständig, was, wie sich herausstellen sollte, nicht hieß, dass ich Raum hätte, ihn zu gestalten, sondern: Ich sollte diesen Bereich koordinieren und mich um anfallende Probleme kümmern, was ich anfangs sogar motiviert tat. Denn wer sehr gut koordiniert und sich engagiert kümmert, so hoffte ich, verändert möglicherweise ja doch etwas.

Was indes auf der Strecke blieb, war die Philosophie. Bücher, die ich in meiner Sendung mit den jeweiligen Autoren besprechen wollte, konnte ich nur noch querlesen. Binnen kurzer Zeit stellte sich ein Gefühl innerer Austrocknung ein. Ich verwaltete das Denken, anstatt es zu praktizieren, und begann, meine frühere Arbeit beim »Philosophie Magazin« zu vermissen, wo nicht nur sorgfältige inhaltliche Auseinandersetzung mit dem Stoff, sondern auch ausufernde Diskussionen und handfester Streit über heikle Fragen zum Redaktionsalltag gehörten. Natürlich war mir vor Stellenantritt klar gewesen, dass ein großer landesweiter Rundfunk kein kleines Magazin ist und es ungleich mehr abzustimmen und zu organisieren gäbe. Gleichzeitig aber ist ein öffentlich-rechtlicher Radiosender auch keine Verwaltungsbehörde, sondern als Massenmedium ein wesentlicher Teil der vierten Gewalt. Gerade hier müsste doch über die großen gesellschaftlichen Fragen in hitzigen Redaktionssitzungen gestritten werden. Doch genau dafür war der Apparat offensichtlich nicht ausgelegt.

Aber so schnell gab ich nicht auf. Wenn der Sender war, wie er war, musste ich eben seine Nischen nutzen. Also beschloss ich, mein geräumiges Büro mit einem Sofa auszustatten und es in einen Ort für alle zu verwandeln, die sich fühlten wie ich: ausgefranst, intellektuell unterfordert, neugierig auf andere Sichtweisen. Ich stellte mir vor, wie sich die Redaktionssitzungen meiner Philosophie-Sendung in meinem gemütlichen Büro ganz von allein in die Länge zögen. Wie sich nach und nach immer mehr kluge und offene Kollegen dazugesellten, weil wir endlich die großen Umbrüche diskutierten, die uns als Journalisten doch unmittelbar betrafen: die Flüchtlingskrise, den politischen Rechtsruck, die Frage, ob der gesellschaftliche Konsens in zentralen Fragen langsam wegbröckelt oder vielleicht nie so stark war, wie man angenommen hatte. Wie damit umgehen? Sollten, ja mussten wir uns tiefer mit rechtem Denken auseinandersetzen, um zu wissen, wie es funktioniert?

Ich selbst neigte zu dieser Ansicht, merkte aber, dass die meisten Kollegen in meinem direkten Umfeld abwehrend reagierten. Einige belegten Bücher rechter Verlage regelrecht mit einer Art Berührungsverbot: Als würde man direkt affiziert, wenn man nur in ihnen blättert. Andere wiederum sahen es eher so wie ich oder waren unschlüssig, fragend, und ich brannte darauf, all diese Positionen in meinem Büro, das ich genau zu diesem Zweck neu gestalten wollte, ins Gespräch zu bringen: Her mit dem Streit!

Allein: Wenn es für nahezu alles eingeschliffene Verfahren gibt, ist es schwer, Dinge anders zu machen, was sich bereits an einem so schlichten Vorhaben einer Möbelanschaffung zeigte. Normalerweise nämlich beantragt man hauseigene Möbel. Weil aber gerade kein Sofa im Sender zur Verfügung stand, entschied ich kurzerhand, mir von meinem Gehalt selbst eins zu kaufen und bei dieser Gelegenheit auch gleich einen schönen, rückenschonenden Schreibtischstuhl zu erwerben (die Verfahren, einen Gesundheitsstuhl über den Sender finanziert zu bekommen, waren mir viel zu umständlich und langwierig). Beide Möbel ließ ich mir ins Funkhaus liefern.

Um direkt zum Punkt zu kommen: Abweichungen fallen auf – und zwar eher negativ. Sooft ich scheinbar beiläufig die Bemerkung fallen ließ, dass ich mir die Möbel selbst gekauft hatte: Extrawürste, auch wenn man sie sich selbst brät, erzeugen den Verdacht, sich für etwas Besseres zu halten. In meinem Fall stand dieser Verdacht, so war meine Wahrnehmung, ohnehin längst im Raum: Ich war beim Radio eine Quereinsteigerin, und das in leicht gehobener Position. Zuvor hatte ich neben meiner hauptberuflichen Tätigkeit als stellvertretende Chefredakteurin des »Philosophie Magazin« mehrere Bücher geschrieben, derentwegen ich häufiger als Gesprächsgast auch in jenes Radio eingeladen worden war, für das ich nun als Redakteurin arbeitete.

Das Gleiche ist gut, unkompliziert, unverdächtig. Jede Abweichung ist mit komplexen Verfahren verbunden und weckt Zweifel. So lässt sich die Logik, die ich in meinem Radio-Jahr erlebte, zusammenfassen. Damit ist der öffentlich-rechtliche Rundfunk, so wie ich ihn erfahren habe, bis heute maßgeblich einem Paradigma verhaftet, das, folgt man dem Soziologen Andreas Reckwitz, eigentlich ins Nachkriegsdeutschland gehört: Der »soziale(n) Logik des Allgemeinen«[43], die in der Bundesrepublik bis in die 1970er Jahre vorherrschend war. Das Paradigma des Allgemeinen, so Reckwitz in seinem Buch *Die Gesellschaft der Singularitäten*, meint eine Logik des Standardisierten: Das Reihenhaus, klare Routinen und Abläufe, Festanstellungen, Stechuhr. Erstrebenswert ist das Gleiche, man will, was der Nachbar hat. Dem von der Norm Abweichenden wird eher mit Skepsis und Abwehr begegnet.

Dieses Paradigma des Allgemeinen wird seit einem guten halben Jahrhundert, schreibt Reckwitz, vom Paradigma des Besonderen überlagert. Kreativität, Flexibilität und Singularität lösen das Standardisierte zunehmend ab. Durch diesen Strukturwandel erfährt gerade das Abweichende eine radikale Aufwertung: Erstrebenswert ist von nun an das Einzigartige, Besondere, nicht das Allgemeine. Anders zu sein, herauszufallen, hervorzustechen gilt als positiv, nicht negativ (was wiederum ganz eigene Pathologien erzeugt, die mit der spätmodernen Aufmerksamkeitsökonomie unauflöslich zusammenhängen). Bei meinem Radio schien dieser Strukturwandel noch nicht angekommen zu sein. In seiner hochbürokratisierten Ordnung, in der das Besondere als Normverstoß gedeutet wird, wirkte es buchstäblich wie aus einer anderen Zeit.

Auf diesen überholten Modus des Allgemeinen ist wesentlich zurückzuführen, dass mein Versuch, etwas Anderes, Abweichendes zu etablieren, scheiterte. Mein Büro wurde trotz neuer Couch kein Magnet für die, die denken und streiten wollten, sondern blieb primär ein Ort, an dem man unter Zeitdruck das Notwendigste für die nächste Sendung klärte oder sich bei der leitenden Redakteurin über das Verhalten eines ungeliebten Kollegen oder eines Vorgesetzten beschwerte. Woran sich zeigt: Ja, ich erlebte Streit im Sender, eine Menge sogar – aber eben nur auf der Ebene des Vergleichs, in den auch Höhergestellte einbezogen wurden. Motto: Besonders ist hier niemand. Auch nicht mein Vorgesetzter.

Für die Herrschaft des Gleichen einzelne Menschen verantwortlich zu machen greift viel zu kurz. Vielmehr war das Paradigma des Allgemeinen aus meiner Sicht der Grund, warum ich meinen Platz in dem Sender nie fand. Die Atmosphäre dort war eben doch eher die einer Behörde, in der es um Abläufe, Routinen, standardisierte Verfahren geht. Widerspruchsgeist gab es entsprechend vor allem dann, wenn man sich ungerecht behandelt fühlte und/oder Verfahren nicht richtig funktionierten. Auf inhaltlich-politischer Ebene hingegen herrschte weitgehendes Einverständnis, das, wenn man so will, der Garant, das Schmiermittel ungestörter Abläufe war. In einer Behörde kann kaum Geist wehen, vielmehr sind die, die in ihr arbeiten, stets in Gefahr, selbst behördliche Charaktere zu werden. Es erfordert sehr viel Kraft und Geschick, sich gegen diese Anverwandlung ans Behördliche zu wehren. Einigen wenigen gelingt dieses Wunder.

Auch gab es im Sender sehr wohl Menschen, die sich dafür einsetzten, umstrittene Positionen im Programm vorkommen zu lassen. Was in Einzelfällen sogar gelang, gegen den Willen der Mehrheit in den Redaktionen. Der Philosoph und AfD-Vordenker Marc Jongen etwa wurde 2016 zu einem ausführlichen Gespräch in eine Kultursendung eingeladen.[44]

Doch ging es dabei, so überhaupt derartige Stimmen im Programm vorkamen, eher nicht darum, sie tatsächlich als streitbar ins Spiel zu bringen, sie also zum Gegenstand einer offenen, sachlichen Auseinandersetzung zu erheben. Vielmehr standen sie im Dienst des öffentlich-rechtlichen Programmauftrags, der eine umfassende und ausgewogene Berichterstattung nun einmal erfordert. Die Position muss vorkommen, »abgebildet« werden. Sie hatte eine Repräsentationsfunktion.

Das ist aber immerhin etwas. Und weil ich keineswegs die

Einzige war, die sich für ein heterogeneres Programm einsetzte, liegt es mir auch fern, mich hier zur Jeanne d'Arc des öffentlich-rechtlichen Rundfunks zu stilisieren. Eher ist es so, dass eine ganz bestimmte Affektlage bei mir besonders stark ausgeprägt war. In mir wuchs, je mehr ich die unsichtbare Macht des Allgemeinen spürte, die Lust an der Rebellion. Wenn kein Streitraum möglich ist, dann braucht es eben einen Störenfried, der den falschen Frieden stört. Dass ich diese Rolle der Provokateurin einnahm, war kein Resultat langwieriger Erwägungen und auch kein selbstloses Heldentum, es war ein Impuls, ein Drang, der mich schon als Kind packte, wenn ich mich einer Macht gegenübersah, die ich nicht anerkannte und die mich trotzdem einengen wollte. Und: *Im Zweifel ist es egal, was die Nachbarn sagen.* So lautet mein familiäres Erbe, meine mütterliche Mitgift, wie in den ersten Kapiteln dieses Buches geschildert.

Als kleines Mädchen hatte ich dem stockkonservativen Herrn Menzel von nebenan mit blitzenden Augen linke Flugblätter gegen Aufrüstung überreicht. Damals war die Lust an der Provokation naturgemäß wichtiger als die Sache, die ich in dem Alter nicht erfassen konnte. Jetzt, im Jahr 2017, ging es mir primär um die Sache, nämlich darum, ein Programm zu machen, das Radiohörer nicht erzieht, sondern als mündige Subjekte ernst nimmt, die sich selbst ein Urteil bilden. Dafür musste ich meine Kollegen aber erst einmal aus der Reserve locken. Kurzum: Mir ging es um Streit, der sich aber nur entzündet, wenn jemand ihn (genau das meint das lateinische Wort provocare) *hervorruft.*

Das Arbeitsumfeld im Sender war politisch exakt umgekehrt gepolt wie die dörflich-katholische Menzel-Welt meiner Kindheit. Speziell in der Abteilung Kultur galten, so habe ich es erlebt, rechtskonservative Positionen als nahezu indiskutabel. Postings des Berliner Historikers und Universitätsprofessors Jörg Baberowski zum Beispiel, der insbesondere aufgrund seiner damaligen Einlassungen gegen Merkels Willkommenskultur unter Studenten als rassistisch und rechtsradikal galt, zeigte man mir mit der klaren Absicht, ihn als AfD-nah und also seine Ansichten als jenseits des Sagbaren auszuweisen. Message: So jemand hat sich ein für alle Mal diskreditiert, das siehst du doch auch so, oder? Es war dieses unterstellte Einverständnis, das mich immer häufiger Positionen ins Spiel bringen ließ, die ich selbst gar nicht vertrat, die aber, so fand ich, das Recht hatten, dass man sich mit ihnen auseinandersetzt. Und: Wenn man die Auseinandersetzung unterlässt, gibt man womöglich gerade Leuten vom Schlag eines Björn Höcke Pulver, die sich wunderbar als Opfer einer »Meinungsdiktatur« inszenieren können. So war ich also diejenige, die das linke Einverständnis ab und an gezielt herausforderte. Auf diese Weise festigte sich sukzessive mein Ruf als rechte Redakteurin, zumal das Jahr 2017 außergewöhnlich ereignisreich und eine harte Probe für die grundgesetzlich verbürgte Meinungsfreiheit war. Drei Ereignisse möchte ich hier genauer schildern.

Auf der renommierten NDR-Sachbuchbestenliste war im Frühsommer (durch den Kniff eines Jurors vom Magazin »Spiegel«, der alle seine Punkte an ebendieses Buch vergab) Rolf Peter Sieferles »Finis Germania« aufgetaucht. Der neurechte Verlag Antaios von Götz Kubitschek hatte das Buch veröffentlicht. Die Panik in den Feuilletons der Republik war groß – auch in meinem Sender. Ich erinnere mich noch gut an das Gespräch mit einem Kollegen, der vollkommen erschüttert war, weil Sieferle, so hieß es, in dem Buch den Holocaust leugne. Als ich den Kollegen fragte, ob er das Buch denn schon gelesen habe, verneinte er (holte die Lektüre aber später nach).

Ich bestellte das Buch und quälte mich durch Seiten voller selbstgefälliger Schwermut und politischer Ansichten, die ich nicht teile, um den Vorwurf zu überprüfen. Denn wenn der Autor tatsächlich den Holocaust leugnet, wäre die Auszeichnung des Buches durch eine angesehene Bestenliste vollkommen fraglos ein Skandal.

Wörtlich schreibt Sieferle, dass Auschwitz »zum letzten Mythos einer durch und durch rationalisierten Welt geworden war«[45]. Ich selbst verstand diese Formulierung im Zusammenhang nicht so, dass Auschwitz eine Lüge ist, sondern dahingehend, dass diesem Verbrechen durch seine Singularisierung eine mythische Bedeutung verliehen wird, die Sieferle problematisch sieht. Das ist sicher eine äußerst streitbare These, aber es ist nicht dasselbe wie eine Leugnung. Oder verstand ich die Stelle schlichtweg falsch? Also machte ich mich im Sender dafür stark, das Buch und insbesondere diese Stelle noch einmal genauer in den Blick zu nehmen und zu diesem Zweck Rüdiger Safranski einzuladen.

Und da war er dann, der Streit: Ich musste kämpfen gegen Stimmen, die rechtem Denken keine Bühne bieten wollten und die Ansicht vertraten, dass man das Buch auf gar keinen Fall näher behandeln sollte, weil man es dadurch ernst nehme und adele. Auch gegen Safranski wurde argumentiert. Der

Denker sei klar rechtskonservativ und migrationsfeindlich, weil er sich in polemischer Art gegen Merkels Politik der offenen Grenzen gewendet habe. Meine Gegenargumente waren: Sieferles Buch ist durch die ganze Aufregung ohnehin schon im Fokus. Und wenn dieser Aufregung ein sachlicher Fehler zugrunde liegt, müsse man ihn doch aufdecken. Zudem sei Safranski einer der wenigen, die sich sehr gut mit dem Werk Sieferles auskennen. Dass ich mich schlussendlich gegen den Widerstand durchsetzen konnte und wir Safranski ins Radio einluden, ist ein eindrücklicher Beweis gegen die neurechte Ansicht, im öffentlich-rechtlichen Rundfunk herrsche eine »Meinungsdiktatur«. In einer Diktatur zählen keine Argumente. In einer Diktatur hätte ich niemals meinen Willen bekommen. Allerdings stellte diese Auseinandersetzung während meiner Zeit im Radio eine Ausnahme dar. Und sie verhinderte auch nicht, dass ich den Sender nur einige Monate später verlassen sollte.

Safranski erbat sich erst einmal ein paar Tage Zeit, um das Buch genau zu lesen. Im Interview bestätigte er dann meine Vermutung, dass »Mythos« bei Sieferle nicht Lüge meint, sondern eine bestimmte Art der Narrativierung. Den öffentlichen Umgang mit dem Buch bezeichnete Safranski als »schlampig«, »fahrlässig« und »hysterisch«.[46]

In der Tat hätte ein genauerer Blick ins Buch genügt, um eine Skandalisierung zu vermeiden, die zum geraden Gegenteil dessen führte, was man eigentlich erreichen wollte: Das Resultat nämlich war nicht nur die panikartige Auflösung einer anerkannten Sachbuchbestenliste, sondern auch ein rasanter Anstieg der Verkaufszahlen von »Finis Germania«. Bei Amazon stand es wochenlang auf Platz 1 und landete schließlich auf der Bestsellerliste des »Spiegel«. Kurz darauf, im Juli 2017, entschloss man sich in der »Spiegel«-Chefredaktion zu einem bislang einzigartigen Vorgang: Man strich das Buch kurzerhand von der Liste, was aber dem Verkauf, wie leicht vorherzusehen war, keinen Abbruch tat. Im Gegenteil lenkte diese Entscheidung die Aufmerksamkeit noch mehr auf das Buch und den neurechten Verlag, in dem es erschienen war. Noch Wochen später belegte »Finis Germania« bei Amazon den ersten Platz.

Nur kurz nach der Aufregung um Sieferle, im August 2017, lud ich Peter Sloterdijk in meine Philosophie-Sendung ein, um mit ihm über sein damals erschienenes Buch »Nach Gott« und sein politisches Selbstverständnis zu sprechen. »Ich komme aus der Linken, ich bleibe in der Linken«, sagte Sloterdijk ganz zu Beginn und bezeichnete sich selbst als linkskonservativ. Doch an dieser Selbstverortung herrschten bei vielen Kollegen große Zweifel. Wie Safranski gehörte auch Sloterdijk zu jenen wenigen Intellektuellen, die der Willkommenskultur Merkels extrem kritisch gegenüberstanden und diese Kritik auch öffentlich äußerten: »Die deutsche Regierung hat sich in einem Akt des Souveränitätsverzichts der Überrollung preisgegeben«, so Sloterdijk im Januar 2016 gegenüber dem Magazin Cicero. Und: »Merkel wird zurückrudern«, denn: »Es gibt schließlich keine moralische Pflicht zur Selbstzerstörung.«[47]

Auch wenn mir der letzte Satz damals durchaus zu denken gegeben hatte (Wie weit reicht eine Hilfspflicht? Lässt sich individueller Heldenmut, der das Risiko der Selbstgefährdung in Kauf nimmt, auch auf Staaten übertragen?), vertrat Sloterdijk mit diesen Äußerungen nicht meine eigene Meinung. Ich selbst stand der Politik Merkels positiv gegenüber und fand die Grenzöffnungen richtig. Dass die Turnhalle der Schule meiner Tochter zeitweise als Flüchtlingsunterkunft genutzt wurde, war in meinen Augen ein Akt vollkommen zumutbarer Hilfeleistung angesichts des Leids der Menschen, die zu uns kamen. Trotzdem bestand für mich kein Zweifel daran, dass eine Position, wie sie durch Sloterdijk vertreten wurde, nötig war, um ein historisches Ereignis von solchem Ausmaß umfassend zu beleuchten. Tatsächlich konnte ich nicht ausschließen, dass meiner eigenen politischen Haltung eher starke Intuitionen zugrunde liegen (ich bin als Kind durch und durch migrationsoffen erzogen worden), die sich bei näherer Betrachtung nicht halten lassen. Zudem geht Sloterdijks Werk und Denken über seine Migrationskritik ja weit hinaus, und so war es für mich überhaupt keine Frage, dass der Philosoph ein interessanter Gast für eine philosophische Sendung ist – und zwar auch und gerade weil er andere, streitbare Positionen einbringt.

Infolge meiner Einladung an Sloterdijk wurde mir explizit signalisiert, dass ich mich mit solchen Entscheidungen verdächtig mache. Bei einem Gespräch in der Kantine riet mir ein Mitarbeiter, mich von rechten Denkern abzugrenzen und solche Einladungen besser zu unterlassen. Ich fand diesen Rat so absurd, dass ich den Mitarbeiter nicht ernst nahm. Doch war er rückblickend wohl nicht der Einzige, der so dachte.

Wiederum nur wenige Wochen später, im Oktober 2017, kam es auf der Frankfurter Buchmesse zu Tumulten. Die promovierte Philosophin Caroline Sommerfeld, Frau des linken Theoretikers Helmuth Lethen, aber selbst der rechten Identitären Bewegung zugehörig, stellte mit ihrem Co-Autor Martin Lichtmesz, Frontmann der Identitären, gerade ihr neu erschienenes Buch *Mit Linken leben* vor. Genauer, sie wollte es vorstellen, denn die Veranstaltung in Halle 4.2, auf der auch ihr Verleger, der Antaios-Chef Götz Kubitschek, anwesend war, wurde so massiv durch linke Aktivisten gestört, dass es nicht dazu kommen sollte.

Ich selbst war als Radio-Redakteurin anwesend. Meine Aufgabe war damals, einzelne Veranstaltungen auf der Messe zu besuchen und im Ü-Wagen darüber zu berichten. Für jenen Tag hatte ich die »Mit Linken leben«-Veranstaltung ausgewählt, denn ich wollte verstehen, wie Caroline Sommerfeld, die über Kant promoviert hat und mit einem linken Intellektuellen verheiratet ist, denkt. Warum sich eine Frau wie sie der Identitären Bewegung angeschlossen hat, die für so genannten »Ethnopluralismus« eintritt. Für eine Entmischung der »Völker« also und gegen Multikulturalismus. Die europäische Kultur müsse geschützt werden vor fremden Einflüssen, vor allem vor dem Einfluss des Islam, so behaupten die Identitären, und ich fragte mich, wie eine Kantianerin, die doch an die Kraft des weltverbindenden Universalismus glauben musste, für eine solche Zersplitterung eintreten kann.

Die Stimmung wurde immer aufgeheizter. Im Publikum waren viele Anhänger der Identitären Bewegung zugegen, die wiederum die lauten linken Aktivisten anbrüllten. Kubitschek versuchte, strategisch klug im Gebaren altväterlicher Gutsherrenruhe, mit den linken Demonstranten ins Gespräch zu kommen. Ein wütendes »Mit dir rede ich nicht, Kubitschek, hau ab!« kam zurück. Als plötzlich ein stramm gescheitelter Björn Höcke die Bühne betrat, wurde es, vermutlich wegen des Überraschungsmoments, kurz ruhiger, dann aber entflammten Protest und Gegenprotest von Neuem. Ich selbst fühlte mich zunehmend unwohl in der brodelnden Menge, blieb aber, weil ich immer noch interessiert an Caroline Sommerfeld war und nichts verpassen wollte. Als klar war, dass die Polizei die Veranstaltung früher oder später auflösen musste und es vor allem höchste Zeit wurde für meinen Bericht, ging ich schließlich.

Während ich mir in aller Eile den Weg durch das Messegewühl zum weit entfernt gelegenen Ü-Wagen bahnte, überlegte ich, wie das soeben Erlebte in Worte zu fassen wäre, und es war schnell klar, dass ich keinen Bericht abgeben konnte, sondern eher eine Stellungnahme. Denn ich war viel zu aufgewühlt und, damit zusammenhängend, viel zu positioniert in der Sache. Im schnellen Gehen spitzten sich meine Gedanken immer mehr zu, formten sich angriffslustig zur Waffe: Was für eine grandiose Vorlage da wieder einmal geliefert wurde für eine neuerliche rechte Opfererzählung, der zufolge man ja »nichts mehr sagen« dürfe und das Land von einer »linken Gesinnungsdiktatur« beherrscht werde! Und wie ungeheuer falsch es außerdem ist, so dachte ich, während ich mich durch die Menge schob und drängelte, einer interessierten Öffentlichkeit, zu der ich mich zählte und für die eine Messe wie die in Frankfurt doch organisiert wird, vorzuenthalten, sich selbst eine Meinung zu bilden! Was für eine Frechheit, den Versuch zu unterbinden, tiefer in das Denken von Caroline Sommerfeld einzutauchen, und zwar gerade nicht im Sinne einer Rechtfertigung, sondern in dem Sinne, wie Hannah Arendt das Verstehen mit Blick auf die nationalsozialistischen Verbrechen beschrieb: Als Tätigkeit, die Wirklichkeit zu begreifen.[48] Das ist ein wesentlicher Unterschied, der oft übersehen wird. Wer den Versuch unternimmt, einen Mörder zu verstehen, legitimiert damit nicht automatisch seine Tat. Vielmehr geht es darum, in ein anderes Denken einzusteigen, um es möglichst genau von innen zu sehen. Und es ist gar nicht ausgemacht, ob dieser Verstehensprozess nicht am Ende zu umso größerer Empörung führt: Wie kann man nur so denken!

Während ich also gehetzt auf die Uhr blickte und mich immer ungeduldiger durch die schlendernden Messebesucher zwängte, war ich wütend und enttäuscht zugleich angesichts der offenbar vollkommen fehlenden Streitbereitschaft. Oder genauer: Was ich erlebt habe, *war* Streit. Aber in seiner rein destruktiven Form. Nämlich ein Krieg zwischen Feinden, die sich vernichten wollen.

Zeugin zu sein von schweren Auseinandersetzungen, die jederzeit ins Körperliche kippen können, kannte ich aus meiner Kindheit nur zu gut. Und es ist sicher nicht von der Hand zu weisen, dass sich in meine damalige Affektlage auch eine sehr frühe Erfahrung mischte, die ich als Mädchen viele Jahre lang ständig gemacht hatte: mitzuerleben, wie erwachsene Menschen sich ineinander verkeilen und gemeinsam in eine zerstörerische Dynamik hineingeraten, die sie nicht mehr stoppen können.

Die Rolle, die mir durch meine Kindheit mitgegeben wurde, ist so gesehen eine doppelte: die des Störenfrieds wie auch die der Mittlerin, die Kanäle offenhält, anstatt sie zu schließen – und zwar gerade dann, wenn sich zwei Parteien nicht verstehen, wenn es keinen Grundkonsens gibt, sondern nur diametral sich widersprechende Sichtweisen, die sich wetzen.

Im Ü-Wagen angekommen, konnte ich kaum Luft holen, dann ging es los. Die Moderatorin stellte mir Fragen, ich antwortete und lieferte meinen Kommentar. Im Eifer des Gefechts nannte ich die linken Gegendemonstranten »extrem«, was sachlich nicht korrekt war, weil politischer Extremismus sich durch Verfassungsfeindlichkeit auszeichnet, der in dem Protest aber nicht zum Ausdruck kam. Ansonsten sagte ich das, was ich sagen wollte und heute immer noch sagen würde. Ich kritisierte den linken Protest als illiberal und forderte die Bereitschaft, einander erst einmal zuzuhören.

In den sozialen Netzwerken löste mein Beitrag noch in derselben Nacht einen Shitstorm aus. Zurückgekehrt in meinen Sender, erlebte ich zunächst ein geteiltes Echo: Manche Vorgesetzte und Kollegen fanden meinen Kommentar gelungen. Andere waren vollkommen entsetzt und sahen bestätigt, was sie ohnehin schon dachten: Die Flaßpöhler ist rechts. Und zwar richtig rechts.

Schnell wurde der Kommentar beziehungsweise meine politische Haltung zum zentralen Gesprächsthema innerhalb des Hauses. Manche, die mir den Rücken stärken wollten, ermutigten mich, für die Webseite einen längeren Text zu verfassen, in dem ich meine Position noch einmal genauer darlegte, was ich (unter Rückgriff auf Hannah Arendt) tat, doch auch das konnte den weiteren Gang der Dinge nicht verhindern: Das Paradigma des Allgemeinen schlug mit voller Wucht zu. Weil man auf einen solchen Fall nicht vorbereitet war, es offenbar keine geeigneten Abläufe für ihn gab, tat man das, was man ansonsten auch tut: Man beruft Sitzungen ein, die das Problem schnell beheben sollen. In den Fluren des Senders wurden diese Sitzungen als »Flaßpöhler-Sitzungen« bezeichnet. Abgesehen davon, dass ich es nicht sonderlich angenehm fand, auf diese Weise zum Thema gemacht zu werden, blitzten immer wieder durchaus interessante Momente auf; ähnlich wie einige Monate zuvor, als über den Mord an der Freiburger Studentin gesprochen worden war. Als etwa jemand den Punkt machte, dass ich meine subjektive Position in meinem Beitrag doch klar ausgewiesen hätte und somit eine Stellungnahme, auch wenn man sie politisch nicht teilen mag, überhaupt kein Problem sein dürfe, entspann sich der Ansatz einer richtigen Diskussion. Als viel mächtiger aber sollten sich am Ende die Stimmen erweisen, die offenbar überhaupt nicht diskutieren wollten. Für sie war ich der »AfD-Maulwurf«. Und ich war die, die den öffentlich-rechtlichen Rundfunk gefährdete, weil ich mich angeblich ausgerechnet mit jenen gemein gemacht hatte, die ihn abschaffen wollten.

In einem solchen Klima konnte und wollte ich nicht mehr arbeiten. Ich verließ den Sender binnen weniger Wochen und kehrte, da diese Position inzwischen frei geworden war, als Chefredakteurin zum »Philosophie Magazin« zurück (wo seither meine Streit-Couch weidlich genutzt wird). Denn genau das, wofür der öffentlich-rechtliche Rundfunk doch eigentlich steht, schien mir nach dieser Erfahrung endgültig nicht mehr möglich: Ein Journalismus, der einer liberalen Öffentlichkeit, die sich selbst ihre Urteile bildet, zu Diensten ist und genau dafür staatlich finanziert wird.

Natürlich ist mir bewusst, dass ich mit diesen Zeilen möglicherweise genau die empöre, die ich schon damals empört habe, und ich höre schon die Attacken: Will die Autorin sagen, der öffentlich-rechtliche Rundfunk sei totalitär? Will sie ihn gar abschaffen? Wer so denkt, denkt wie die AfD, spielt ihr in die Hände, will Applaus von der falschen Seite! Was mir Gelegenheit gibt, abschließend auf drei für mich offensichtliche Irrtümer hinzuweisen.

Erster Irrtum: *Kritik am öffentlich-rechtlichen Rundfunk ist gleichbedeutend mit dem Wunsch nach seiner Abschaffung.* Kritik meint zunächst einmal Beurteilung. Wer kritisiert, betrachtet einen Gegenstand differenziert mit normativer, also bewertender Absicht. Daraus folgt keineswegs notwendigerweise, dass der Kritiker seinen Gegenstand als wertlos erachtet. In meinem Fall verhält es sich umgekehrt: Ich kritisiere aus meiner eigenen Erfahrung heraus bestimmte Funktionsmechanismen, gerade weil ich die unverzichtbaren Potenziale des öffentlich-rechtlichen Rundfunks sehe: Weil er sich um seine Finanzierung nicht kümmern muss, könnte er ein Powerhouse des kritischen, streitbaren, unbequemen Journalismus sein, der irritiert und stört. Dafür müsste dieser Rundfunk aber das Paradigma des Allgemeinen ablegen und sich in einen Ort intellektueller Lust verwandeln, wo in einer Atmosphäre der Inspiration gedacht und gestritten werden kann.

Zweiter Irrtum: *Probleme, die von neurechter Seite benannt werden, sind keine.* Gegen diese Annahme spricht die Tatsache, dass ich keineswegs die Erste bin, die den öffentlich-rechtlichen Rundfunk aus einer linksliberalen Position heraus kritisiert. Fatal ist vielmehr, dass eine solche Kritik im eigenen politischen Lager oft kein Nachdenken, sondern starke Abwehrreflexe auslöst und/oder gar zu der Annahme führt, der Kritiker sei selbst rechts. Dieser Kurzschluss »Kritik am öffentlich-rechtlichen Rundfunk = rechts« bringt mit sich, dass nur wenige, die sich als nicht rechts verstehen und also auch nicht so verstanden werden wollen, überhaupt Kritik äußern. So bleibt die Kritik vornehmlich der AfD und Co. vorbehalten, die an sachlich konstruktiven Auseinandersetzungen überhaupt kein Interesse haben. Stattdessen werden die jeweiligen Problemlagen (also auch die des öffentlich-rechtlichen Rundfunks) verzerrt und ins Extreme übersteigert (»Staatsfunk«, »Meinungsdiktatur« etc.), um auf diese Weise radikale, Demokratie gefährdende Lösungen plausibel zu machen.

Dritter Irrtum: *Wer Kritik am öffentlich-rechtlichen Rundfunk äußert, stärkt rechte Kräfte.* Wenn die Kritik das Vorrecht Rechter bleibt, können diese sich umso heldischer mit der Tugend der Parrhesia, dem Mut zur Wahrheit, schmücken: Glaubt nicht der Lügenpresse! Glaubt nicht dem Staatsfunk! Wir sprechen aus, was ausgesprochen werden muss, auch wenn wir dafür geächtet werden! Der Zulauf, den die AfD erhält, zeigt, wie erfolgreich diese Strategie ist. Um ihn zu stoppen, muss Glaubwürdigkeit – und damit auch die Parrhesia – zurückgewonnen werden. Um dies zu leisten, gilt es, Probleme zu benennen, ohne dabei eine rechtspopulistische Rhetorik zu wiederholen. Das ist eine Gratwanderung.

UMSTRITTEN SEIN

Nach meinem Jahr beim Radio war ich anders in die Welt gestellt. Plötzlich war ich auf dem Weg, eine »umstrittene« Philosophin zu werden, die man im Blick behalten musste.

Der Zufall wollte es, dass just zu jener Zeit eine Bewegung an Fahrt gewann, der ich kritisch gegenüberstand: #MeToo. Meine kritische Haltung rührte vor allem daher, dass ich fassungslos war angesichts der öffentlichen Einhelligkeit, der zufolge es sich bei #MeToo um einen durch und durch progressiven, feministischen Aktivismus handele.

So wurde aus meiner Sicht von Anfang an viel zu wenig differenziert, über welche Form von Gewalt eigentlich gesprochen wird. Geht es um Situationen, in denen Frauen glasklar Opfer sind, weil sie keine Handlungsmöglichkeit haben? Oder eher um solche, in denen Frauen oft weitaus selbstbewusster hätten agieren können, als sie es faktisch taten?

Zwar gehörte der prominenteste Fall, der Fall Harvey Weinstein, klar in die erste Kategorie, doch wäre wirklich Vergewaltigung das zentrale Thema von #MeToo gewesen, hätte man viel mehr über häusliche Gewalt reden müssen, die aber kaum vorkam. Wenn also auch und gerade Situationen an die Öffentlichkeit gebracht wurden, in denen weibliche Anpassung an einen männlichen Willen im Spiel war – warum wird dann nie genauer hingeschaut? Weshalb nimmt man nicht auch die weibliche Position kritisch in den Blick, um sie von innen heraus zu stärken? Wieso unterstützt man Frauen vornehmlich darin, nach mehr staatlichem Schutz zu rufen, anstatt sie zur (keineswegs einfachen) Autonomie zu ermutigen und damit die Emanzipation voranzutreiben? Warum, dachte ich, erkennt denn hier keiner, dass die so häufig zu beobachtende Passivität der Frauen kulturelle Ursachen hat, die es zu durchdringen gilt?

Für mich sind solche Überlegungen keine »Täter-Opfer-Umkehr« – ein Label, das man schnell verpasst bekommt, wenn man etwas mehr Komplexität in heikle Sachverhalte zu bringen versucht; zumal ich die Männer ja nicht aus der Verantwortung entlasse. Vielmehr geht es mir darum, Frauen zu ermächtigen und sie für ihr eigenes Gewordensein zu sensibilisieren: Uns wurde immerhin über Jahrhunderte eingetrichtert, über kein eigenes Begehren zu verfügen und lediglich Spiegel des männlichen Narzissmus zu sein, den man auf keinen Fall kränken dürfe. Diese Genealogie ist für mich – wie für viele Feministinnen vor mir – der Schlüssel zu einer potenten weiblichen Position, die sich aus den kulturellen Zuschreibungen befreit.

Doch während ich den #MeToo-Diskurs verfolgte, gewann ich mehr und mehr den Eindruck, dass die großen feministischen Errungenschaften etwa einer Simone de Beauvoir, die in ihrem grandiosen Werk *Das andere Geschlecht* die Position der Frau konstruktiv-kritisch in den Blick nimmt, plötzlich wie vergessen war. Anstatt sich stolz auf die Schultern unserer Vorkämpferinnen zu stellen und von dort aus Kritik an bestehenden Verhältnissen zu üben, erschöpfte sich #MeToo aus meiner Sicht – zumindest in Teilen – in ressentimentgeladenen Kastrationsversuchen. Und so schrieb ich nur wenige Wochen nach meiner Kündigung beim Radio eine kurze Streitschrift mit dem Titel *Die potente Frau*.

Das ist die eine Seite. Doch es gibt auch noch eine andere, und sie betrifft meine eigenen blinden Flecken. So erscheint es mir rückblickend fast, als hätte sich in den Ton des Buchs auch ein wenig meine damalige Entscheidung eingeschrieben, dem Radio den Rücken zu kehren: Seht ihr? So geht Autonomie! Meine Affektlage war: Jetzt erst recht. Die Macht des Allgemeinen kann mich mal. Und sicher war es auch meinem damaligen inneren Furor geschuldet, dass ich in dem Buch polemische Zuspitzungen vornahm, die in mir, wenn ich sie mit Abstand wiederlese, ein leichtes inneres Zucken auslösen. Meine grundsätzliche Argumentation wäre durch das Weglassen dieser Trigger vielleicht nicht schwächer geworden, und ich hätte möglicherweise mehr Menschen überzeugen können. Ganz bestimmt hätte ich weniger Hass auf mich gezogen.

Andererseits war der damalige öffentliche Konsens, dass #MeToo der ultimative feministische Befreiungsschlag sei, derart felsenfest, dass es durchaus Dynamit bedurfte, um ihn aufzusprengen. Eine zu leise, zu abwägende Stimme wäre leicht überhört worden. Und so fokussierte ich mich im Kern auf scharfe Kritik, weil bislang so gut wie nichts Kritisches formuliert worden war. Ich warf der Bewegung vor, die Möglichkeit wahrer Emanzipation zu unterbinden, weil nur die männliche Position in den Blick gerate, nicht aber die weibliche, die immer noch stark von tradierten Zuschreibungen geprägt ist, ohne dass es Frauen bewusst zu sein scheint.

Die Gegenangriffe ließen nicht auf sich warten, und sie waren hart. Härte an sich ist für mich kein Problem. Im Gegenteil. In einigen wenigen Debatten, die sich eher im Privaten abspielten, fühlte ich mich auf gute Weise an meine Zeit als angriffslustige Tischtennisspielerin erinnert, die ich im Alter zwischen 10 und 14 Jahren gewesen war. Am liebsten waren mir damals Gegner, die ebenfalls offensiv spielten, ins Risiko gingen, sich mit Haut und Haaren in den Kampf warfen, triumphierend ihre Faust ballten, wenn sie mich besiegt hatten. Diese Gegner hielten nichts zurück, weder ihre Freude noch ihren Schmerz. Ihre Affekte waren unauflöslich mit ihrem Spiel verbunden, manchmal auch, wenn es um den Matchball ging und die Nerven blank lagen, auf wenig vorteilhafte Weise, dann ging schon mal ein Schläger zu Bruch, flog gegen die Hallenwand. In diesen Spielern, deren Hemd nie in der Hose steckte, die schwitzten und fluchten, aber nie den Gegenspieler beschimpften und sich, wie es sich gehört, auch nach der schlimmsten Schlacht hinterher die Hand gaben, erkannte ich mich durchaus wieder; und wenn ich mich dreißig Jahre später im Rahmen von Essenseinladungen oder auf Partys mit anderen Gästen energisch über *Die potente Frau* stritt, dann war es ein wenig so wie damals an der Platte: Man haut sich die Bälle um die Ohren und stößt hinterher trotzdem freundschaftlich mit einem Bier an.

Oft aber wurde nichts aus dem versöhnlichen Prost. Vor allem feministische Männer fanden es schier unerträglich, dass ich mich nicht als Opfer fühlte. Sie konnten gar nicht aufhören, mir klarzumachen, dass das Patriarchat immer noch sehr mächtig sei. Dabei merkten sie überhaupt nicht, in welchen

Selbstwiderspruch sie sich gerade verstrickten, und waren beleidigt, wenn ich mich nicht belehren ließ.

Anderes traf mich stärker. Bekannte zogen sich vor mir zurück, schwiegen anklagend oder ließen nur kurze, knappe Andeutungen fallen. Versuche meinerseits, daraufhin in ein Streitgespräch einzusteigen, prallten ab an einer Wand aus stummem Widerspruch, was sich für mich bedrohlich anfühlte. So, als müssten sie gar nichts machen, weil ich mich ohnehin früher oder später selbst zugrunde richten würde, womöglich sogar schon mit einem Bein im Grab stünde. Worin sie, um noch einmal Tischtennis als Bild zu bemühen, ein wenig den von mir gefürchteten Blockern ähnelten, die nur auf einen Fehler meinerseits warteten. Kein noch so perfekt ausgeführter Vorhandtopspin konnte die Blocker schocken, sie hielten einfach den Schläger hin. Diese Gegner waren die Stoiker unter den Tischtennisspielern. Die Affekte verschwanden hinter einer so selbstgewissen Seelenruhe, als wüssten sie Gott ohnehin auf ihrer Seite. Ihre Selbstkontrolle ging so weit, dass sie auch nach dem Spiel noch aussahen wie aus dem Ei gepellt. Nicht einmal geschwitzt hatten sie, weil sie sich kaum bewegten. Stattdessen verteilten sie aus ihrer Standposition heraus die Bälle auf meiner Seite so geschickt, dass ich mich schier zu Tode hetzte.

Wiederum andere Bekannte oder auch Wildfremde beschimpften mich auf Facebook. Wenn ich nicht unmittelbar reagierte oder aber Menschen aus meinem näheren Umfeld vorschlug, sich doch besser bei Gelegenheit einmal privat zu treffen, um den Konflikt auszutragen, wurde mir vorgeworfen, dass ich mich dem Streit entziehe. Auf Twitter kursierte zeitweise die Behauptung, ich hätte in meinem Buch geschrieben, dass Frauen selbst schuld seien, wenn sie vergewaltigt werden. Das war eine Lüge, aber sie war in der Welt. Nach wenigen Wochen wurde es mir zu bunt, ich meldete meine Accounts ab und bin nie wieder zu Facebook und Co. zurückgekehrt.

Dass ich nach dem Erscheinen des Buches und nach diversen öffentlichen Auftritten auch sehr viel Zuspruch erfuhr, nahm ich zwar wahr, doch waren es vor allem negative Haltungen wie Hass, Ablehnung und Unverständnis, die, auch wenn ich es zunächst nicht wahrhaben wollte, in meine tieferen Schichten drangen.

Vielleicht am eindrücklichsten war eine kleine, leise Frau, die nach einer Veranstaltung in Hamburg das Gespräch mit mir suchte. Sie wisse im Grunde gar nicht, worüber ich eigentlich schreibe in meinem Buch, sagte die Frau. Und dann erzählte sie mir, weil ich vorsichtig nachfragte, ganz unaufdringlich ihre Geschichte, die von gewalttätigen Männern und einer Vergewaltigung handelte. Anschließend sagte sie zu mir, dass sie mir durchaus nicht vorwerfe, dass ich Gewalt verharmlose, das habe sie gar nicht so empfunden und darum gehe es auch nicht. Sondern sie meine vielmehr, dass man augenscheinlich zwar über ein und dieselbe Sache streitet, aber in Wahrheit seien die Menschen so in ihrer Wahrnehmung gefangen, dass sie aneinander vorbeireden. »Sie, Frau Flaßpöhler, können mich gar nicht verstehen und ich nicht Sie, weil wir in jeweils anderen Welten leben«, so sagte die kleine Frau ohne jeden Vorwurf und verabschiedete sich höflich.

Diese Begegnung hat mich womöglich mehr ins Nachdenken gebracht als jeder heftige Schlagabtausch. Denn natürlich stimmt es, dass ich mein Buch nicht unabhängig von meinen Erfahrungen und den mit ihnen verbundenen Intuitionen geschrieben habe. Wie wäre ein solches erfahrungsfreies Denken auch zu praktizieren? »Ich glaube nicht, dass es irgendeinen Denkvorgang gibt, der ohne persönliche Erfahrung möglich ist.«[49] Dieser Satz stammt von Hannah Arendt, und ich stimme ihr zu. Der Begriff »toxische Männlichkeit« geht mir schon allein deshalb nicht über die Lippen, weil die Männer meiner Kindheit alles andere als toxisch waren. Im Gegenteil, ohne meine beiden Väter, meinen Stiefvater und auch meinen leiblichen Vater, wäre mein Leben sicher anders verlaufen. Das Toxische kam eher von der weiblichen Seite. Und natürlich wurde mir viel zu früh eine Autonomie zugemutet, die ich nun sehr entschieden zum normativen Ideal erhebe. Auch wenn ich nach wie vor der Überzeugung bin, dass es richtig ist, an diesem Ideal festzuhalten, sehe ich durchaus die biographischen Zusammenhänge.

Doch all diese Gedanken kamen mir erst später. Damals im Jahr 2018 war ich viel zu sehr damit beschäftigt, meine Position zu verteidigen, als dass ich solche Fragen und Überlegungen hätte zulassen können. Je härter ich angegangen wurde, desto unnachgiebiger reagierte ich: Wo kämen wir hin, wenn die Stimmung auf Facebook oder Twitter respektive X die Meinungsbildung beherrscht und jeder sofort einknickt, nur weil es ungemütlich wird. Tatsächlich halte ich es für opportunistisch und wenig glaubhaft, wenn Menschen sich aufgrund eines Shitstorms plötzlich für eine Haltung öffentlich entschuldigen, die sie gestern noch richtig fanden.

Also hielt ich stand und kämpfte weiterhin für meine Sicht, doch das Gefühl, auf eine existenzielle Weise angreifbar und exponiert zu sein, war da. Und das Gefühl blieb. So, als wäre etwas schwer Greifbares, das mich bisher geschützt hatte, porös geworden, im Verschwinden begriffen.

Es war, als würde sich, bedingt durch den Blick der anderen, eine Veränderung in mir selbst vollziehen: Ich fühlte, dass ich zumindest für Teile der Öffentlichkeit kein Gegner mehr war, sondern ein Feind.

Die Spielregeln hatten sich grundlegend geändert.

MESSEN UND MORDEN

Menschen können sich im Modus der Feindschaft streiten. Oder aber sie streiten als Gegner. Feinden und Gegnern ist gemeinsam, dass sie siegen wollen: Beide schenken sich nichts. Gewinnen kann nur einer. Während aber ein Feind *vernichtet* werden muss, gilt es einen Gegner zu *schlagen*. Das ist ein wesentlicher Unterschied.

Nicht ohne Grund spricht man im Rahmen sportlicher Wettkämpfe von »Gegnern« oder »gegnerischen Mannschaften«, nicht aber von »Feinden« oder »feindlichen Teams«. In der Feindschaft wird dem Anderen das Existenzrecht abgesprochen. Es gibt keine Achtung vor seinem Leben, seiner Würde, sondern nur Zerstörungswillen: Nach dem Kampf ist nichts mehr, wie es vorher war. Im Sport aber, und genau deshalb redet man hier von Gegnern, verursachen Sieg und Niederlage in der Regel keine unüberwindbaren Gräben. Am Ende eines Matchs folgt der obligatorische Handschlag, auch wenn es noch so hart geführt wurde. In einem Streit unter Gegnern verhält es sich ähnlich: Nach dem Kampf gehen die Parteien in dem Wissen auseinander, dass ihre Beziehung weiterexistiert – auch wenn die Stimmung kurzfristig am Boden sein mag.

Die Gegnerschaft lässt sich als sublimierte Feindschaft beschreiben. Sublimation meint: Verwandlung eines Triebs. Die Feindschaft dagegen ist roh, reine Aggression. In ihr geht es um

Leben und Tod. Carl Schmitt, der den Unterschied von Freund und Feind zum Kern des Politischen erklärte, bringt ihr Wesen auf den Punkt: Das »Wort Feind«, schreibt Schmitt 1932, »bedeutet nicht Konkurrenz, nicht den ›rein geistigen‹ Kampf der Diskussion, nicht das symbolische ›Ringen‹ (…). Die Begriffe Freund, Feind und Kampf erhalten ihren realen Sinn dadurch, daß sie insbesondere auf die reale Möglichkeit der physischen Tötung Bezug haben und behalten. Der Krieg folgt aus der Feindschaft, denn diese ist seinsmäßige Negierung eines anderen Seins.«[50]

Im Kern, so könnte man sagen, handelt es sich bei Feindschaft und Gegnerschaft um die Differenz von Morden und Messen. Feinde ermorden einander. Gegner messen ihre Kräfte, ohne sich zu töten. Genau auf diesen Unterschied hebt Elias Canetti im Feld des Politischen ab, wenn er das »Zwei-Parteien-System des modernen Parlaments«[51] als gezähmten Bürgerkrieg beschreibt: Die »psychologische Struktur der kämpfenden Heere«[52] sei im Parlament noch lebendig, so Canetti in seinem Hauptwerk *Masse und Macht*. Doch während im Krieg Gruppen einander töten, messen sich die Parteien durch Zählung der Stimmen. Die Abstimmung, heißt es wörtlich, »ist der Rest des blutigen Zusammenstoßes, den man auf vielfache Weise spielt, durch Drohung, Beschimpfung, physische Erregtheit, die bis zu Schlägen oder Würfen führen kann. Aber die Zählung der Stimmen ist das Ende der Schlacht.«[53] Die parlamentarische Abstimmung ist ein Kampf, aber ohne Vernichtung. »Es steht Wille gegen Wille, wie in einem Krieg«[54], mit dem Unterschied, dass eine Niederlage akzeptiert werden kann, auch wenn man selbst der Meinung ist, den

Sieg eigentlich verdient zu haben, weil man die Vernunft klar auf der eigenen Seite wähnt. »Der Gegner, der überstimmt wird, fügt sich keineswegs, weil er nun plötzlich an sein Recht nicht mehr glaubt; sondern er gibt sich einfach geschlagen. Es fällt ihm leicht, sich geschlagen zu geben, denn es geschieht ihm nichts.«[55] Den Augenblick der Abstimmung selbst beschreibt Canetti als »beinahe heilig«[56], weil an die Stelle des Todes als »Instrument der Entscheidung« die Zählung der Stimmen tritt: »Mit jedem einzelnen Zettel wird der Tod gleichsam weggelegt.«[57]

Es ist diese zivilisatorische Leistung, die eine Gegnerschaft auszeichnet: Auf Vernichtung wird verzichtet durch bestimmte Kulturtechniken, die das kriegerische Moment als Energie noch in sich tragen, ohne es zum Äußersten kommen zu lassen. Wie bei der Feindschaft handelt es sich auch im Fall der Gegnerschaft um einen Kampf um Macht, Ansehen, Sieg, bei dem der Unterlegene aber – und das ist die wesentliche Differenz – weder sein Leben noch sein Gesicht verliert.

So weit die Theorie. In der Praxis allerdings zeigt sich, dass Niederlagen empfindlich treffen können. Manchmal ist die Kränkung so enorm, dass die Gegnerschaft just in jenem Augenblick, in dem das eigene Scheitern anerkannt werden müsste, in blutige Feindschaft umschlägt. Dafür gibt es ein eindrückliches Beispiel: Am sechsten Januar 2021 (knapp hundert Jahre nachdem Canetti an *Masse und Macht* zu arbeiten begann) musste die Welt erleben, wie ein amerikanischer Präsident sich offenbar so gepeinigt fühlte ob seiner Unterlegenheit bei der Präsidentschaftswahl, dass er den faktischen Sieg seines Konkurrenten schlicht nicht anerkannte und seine Anhänger zur Gewalt aufrief. »Unser Land hat genug«, so Donald Trump in seiner Rede, mit der er seine Unterstützer aufstachelte. »Wir werden den Diebstahl stoppen.« Am Ende erfolgte der explizite Aufruf, zum Kapitol zu gehen, um »unser Land zurückzuerobern«[58]. 1200 Trump-Fanatiker folgten dieser Aufforderung und drangen gewaltsam ins Kapitol ein. Abgeordnete mussten sich verschanzen und verbarrikadieren, um ihr Leben zu retten. Fünf Menschen starben, es gab viele Verletzte.

Doch zerstört wurde im Grunde weit mehr – nämlich ebenjenes Heilige, das Canetti in der politischen Abstimmung erkannte, weil sie den Krieg ersetzt. Canetti schreibt: »Das parlamentarische System (…) zerbröckelt, sobald jemand darin sitzt, der es sich erlaubt, mit dem Tode irgendwelcher Mitglieder der Körperschaft zu rechnen. Nichts ist gefährlicher, als unter diesen Lebenden Tote zu sehen. Ein Krieg ist ein Krieg, weil er Tote in die Entscheidung einbezieht. Ein Parlament ist nur ein Parlament, solange es Tote ausschließt.«[59] Der Angriff auf das Kapitol war somit ein Angriff auf das heilige Innerste der Demokratie selbst. Ihre Kraft, mit jedem Zettel den Tod wegzulegen, schwand in dem Moment, als der Mob das Kapitol erstürmte.

Der sechste Januar war der Tag, an dem der Kongress den Wahlsieg Joe Bidens formal bestätigen sollte. Donald Trump indes hatte diesen Tag zum »Tag der Entscheidung« erklärt und sich (natürlich ohne sich dessen im entferntesten bewusst zu sein) durch Wort und Tat klar in die Tradition Carl Schmitts gestellt: Schmitt hielt die parlamentarische Demokratie für nicht funktionsfähig, weil sie die »politische Einheit« zerrede, anstatt sie durch klare Freund-Feind-Unterscheidung herzustellen. Die »Entscheidung« im Sinne Carl Schmitts erfolgt nicht durch Stimmenauszählung. Sie erfolgt durch »die reale Möglichkeit« eines Staates, »im gegebenen Fall kraft eigener Entscheidung den Feind zu bestimmen und ihn zu bekämpfen«[60]. Dieser Feind kann sich auch im Inneren eines Staates befinden, denn Feind ist jeder, der den Frieden der politischen Einheit stört. »Diese Notwendigkeit innerstaatlicher Befriedung führt in kritischen Situationen dazu, daß der Staat als politische Einheit von sich aus, solange er besteht, den ›inneren Feind‹ bestimmt«[61], so Schmitt. Und weil Trump sich selbst als legitimen Inhaber der Macht ansah, identifizierte er all jene, die sie ihm entziehen wollten, als inneren Feind.

Die Folgen dieser »Entscheidung« hätten noch weit verheerender sein können. Eine innerstaatliche Feindeserklärung nämlich, heißt es bei Schmitt, ist, »je nach dem Verhalten des zum Staatsfeind Erklärten, das Zeichen des Bürgerkrieges, d. h. der Auflösung des Staates als einer in sich befriedeten, territorial in sich geschlossenen und für Fremde undurchdringlichen organisierten politischen Einheit.«[62] Die Möglichkeit eines solchen Krieges hat Trump am 6. Januar 2021 willentlich in Kauf genommen, als er die Masse gegen Biden und seine demokratische Partei aufhetzte.

An Trump zeigt sich in Extremform, dass Messen in Morden umschlagen kann, sobald es einem Menschen gerade nicht »leicht« fällt, »sich geschlagen zu geben«, wie Canetti formuliert. Dann wird aus einer Gegnerschaft, die um Stimmen, Sieg, Anerkennung konkurriert, blutige Feindschaft, die auf Vernichtung zielt. Dies ist, wenn man so will, die Achillesferse der Gegnerschaft und die wohl größte Gefahr dafür, dass diese ins Kriegerische umschlägt. Gegnerschaften funktionieren nur so lange, wie sich beide Parteien an jene Regeln halten, die gewaltfreies Messen ermöglichen, und bereit sind, sich geschlagen zu geben, wenn sie unterliegen. Das Potenzial zur Feindschaft aber ist immer da. Es zeigt sich an jedem Fußballspieler, der sich wutentbrannt seinem Gegenspieler nähert, weil er sich ungerecht behandelt fühlt (man denke an den legendären Kopfstoß von Zidane gegen Materazzi bei der WM 2006). Es zeigt sich an wütenden Posts auf Social Media, die auf die Ächtung von Personen zielen. Und es zeigt sich in Paarbeziehungen, sobald ein Partner, argumentativ in die Ecke gedrängt, die Beherrschung verliert und Dinge sagt, die er hinterher bereut.

Die Gegnerschaft negiert das Kriegerische nicht einfach, sondern gibt ihm lediglich eine andere Form, die prinzipiell immer zerfallen kann. So ist zu erklären, warum auch das Prinzip der Gegnerschaft in liberalen, individualisierten, pazifizierten Gesellschaften vielen suspekt ist und als regressiv bewertet wird. Kämpfen, Streiten, Messen: Klingt das nicht immer noch sehr nach Krieg? Auch mit Blick auf den Sport ist dieses Missbehagen zu beobachten, wenn etwa Schulen von Wettkämpfen wie den Bundesjugendspielen Abstand nehmen wollen, weil Konkurrenz und Siegeswille der kindlichen Entwicklung schaden. Nicht Kampf, nicht Gegnerschaft, nicht Streit, sondern Kooperation, Konsens und Teilhabe sind die Ideale unserer Zeit. Die ihnen innewohnende Logik lautet: Wir sind alle Gewinner, wenn wir nur gut zusammenhalten und uns auf das Verbindende besinnen.

Diese Logik – oder sollte ich besser sagen: Ideologie? – liegt in gewisser Weise auch, wie im ersten Kapitel dieses Buches ausgeführt, dem rationalen Diskursmodell von Jürgen Habermas zugrunde: Wenn Menschen nur lang genug dem zwanglosen Zwang des besseren Argumentes folgen, werden sie erkennen, dass sie sich auf Normen und Werte einigen können. Konkurrenz gibt es nur insofern, als Parteien um die Macht ringen; nicht aber kann es ein Ringen der Weltanschauungen geben, weil der Pfad des Fortschritts klar (und angeblich ideologiefrei) vorgezeichnet ist. Anders gesagt: In der Logik des Diskurses ist ein konkurrierendes Weltbild, das sich mit dem eigenen wahrhaft messen könnte, lediglich ein Irrtum. Zugespitzt formuliert: Es gibt keine Alternative zur (links-)liberalen Demokratie, die sich gemäß einem teleologisch-hegelianischen Fortschrittsdenken global ausweiten wird.

Die Philosophin Chantal Mouffe sieht genau in dieser geschichtsphilosophischen Selbstgewissheit vieler Linker das zentrale Problem – und auch den Grund dafür, dass rechte Kräfte immer stärker werden. Tatsächlich erleben wir im Moment, wie autokratische, antiliberale Regime global an Macht gewinnen. »Ungeachtet dessen, was viele Liberale uns glauben machen wollen«, so lautet Mouffes These, »liegt die Besonderheit demokratischer Politik nicht in der Überwindung des Wir-Sie-Gegensatzes, sondern in der spezifischen Art seiner Etablierung.«[63] Mouffe will jene Spannung in die Politik zurückholen, die Carl Schmitt in der Freund-Feind-Unterscheidung erkannte, ohne aber die Errungenschaft der parlamentarischen Demokratie preiszugeben. Und so nutzt sie

Schmitt wie eine Leiter, die sie wegstößt, sobald sie da angekommen ist, wo sie hinwill: Mouffe plädiert (mit Schmitt gegen Schmitt) für einen »Kampf zwischen unvereinbaren hegemonialen Projekten, die niemals rational miteinander versöhnt werden können«[64]. Dieser Kampf allerdings müsse reguliert werden durch demokratische Verfahren, an die sich die Parteien gebunden fühlen.

Mit anderen Worten: Was Mouffe fordert, ist eine Politik der Gegnerschaft, in der Weltbilder miteinander in Wettstreit treten. Denn: Nur wenn wir Kanäle öffnen, in denen Gruppen, deren Ansichten sich eben gerade nicht in einem Konsens treffen, als Gegner streiten können, sind wir in der Lage, Feindschaft zu verhindern. Eine solche Politik der Gegnerschaft nennt Mouffe »agonistisch«. Das altgriechische »Agon« bedeutet »Kampf«, »Wettkampf«. Agonistisch ist die Beziehung unter Parteien, die sich trotz des unauflösbaren Konflikts (gewinnen kann nur einer!) ein und derselben »politischen Gemeinschaft« zugehörig fühlen und »die Legitimität ihrer Opponenten anerkennen«[65]. Die Feindschaft hingegen, die Mouffe als »antagonistisch« bezeichnet, tendiert zu »gewaltsamen Formen«[66]. In der Feindschaft wird die Rechtmäßigkeit der Opposition gerade nicht anerkannt. Aus einem Agonismus wird ein Antagonismus, schreibt Mouffe, sobald »das ›Wir‹ den Eindruck gewinnt, das ›Sie‹ stelle seine Identität in Frage und bedrohe seine Existenz«[67].

Hier wird deutlich, dass für Mouffe ebenjenes Diskursmodell, das konsensual jeden Rückfall ins Regressive, Archaische verhindern will, im Grunde selbst im Modus der Feindschaft agiert: Es erkennt entgegengesetzte hegemoniale Projekte schlicht nicht als legitime Konkurrenz an. Sobald aber ein »Wir« zu dem Schluss kommt, dass nicht mit fairen Mitteln gekämpft respektive gemessen wird, so Mouffe, neigt es zur Gewalt. Ein »Wir«, das sich nicht messen darf, weil es für gefährlich, gar böse erachtet wird, verwandelt sich schnell in eine mordende Meute: So lässt sich Mouffes Argumentation auf den Punkt bringen. Wenn diese Beobachtung stimmt, dann muss jeder Versuch, »Brandmauern« gegen rechte Parteien zu errichten oder sie gar ganz zu verbieten, mit Gegengewalt rechnen – und zwar mit physischer Gewalt. Im schlimmsten Fall sogar mit einem Bürgerkrieg.

Und doch führt uns der Fall Trump klar die Grenze dieser Sichtweise vor Augen. Denn im Typ Trump zeigt sich ein politischer Akteur, der gar kein Interesse hat, sich nach strikten Regeln zu messen. Vielmehr nimmt er die Beschädigung demokratischer Institutionen bewusst in Kauf, sobald ihm die Macht entgleitet. Solche Akteure kritisieren auch nicht einfach nur mit scharfen Worten linke Arroganz, sondern sie etablieren das Narrativ eines von Linken geführten deep state, um ihre Anhänger zum Kampf aufzuwiegeln: Erkennt ihr nicht, dass ihr gar keine Chance habt gegen die linksliberale Elite, die sich mit aller Kraft an ihre Macht klammert? Trump hat diese Erzählung so weit getrieben, dass er sogar kontrafaktisch von Wahlbetrug spricht.

Phänomene wie diese werfen die schwer zu beantwortende Frage auf, ab welchem Punkt notwendige Toleranz gegenüber Andersdenkenden in eine Gefahr für die Demokratie selbst umschlägt. Die Philosophin Marie-Luisa Frick bringt es auf den Punkt: »Denn wie soll man mit jenen umgehen, die Gegnerschaft von vornherein verweigern, oder nur solange zum Schein aufrechterhalten, bis sie mächtig genug sind, den demokratischen *agon* auszuschalten, oder die demokratische Arena gar nicht erst betreten wollen?«[68] Das Problem, das hinter dieser Frage lauert, ist noch komplexer und betrifft die Volkssouveränität selbst. Denn nimmt man dieses Prinzip wirklich ernst, dann kann es prinzipiell immer passieren, dass eine Demokratie sich selbst abschafft – nämlich genau dann, wenn die Mehrheit sich solchen Personen anschließt, die Frick im Sinn hat.

Kehren wir noch einmal zum Streit und zur Kerneinsicht dieses Kapitels zurück: Menschen können gefährlich beziehungsweise aggressiv werden, wenn sie nicht fähig sind, sich im Rahmen eines legitimen Wettstreits geschlagen zu geben. Das ist genau dann der Fall, wenn sie sich subjektiv durch eine Niederlage in ihrer Existenz bedroht sehen. Es lohnt sich, hier noch etwas genauer hinzuschauen, denn die Schwierigkeit, sich geschlagen zu geben, ist weit verbreitet und keineswegs begrenzt auf pathologische Extremfälle am rechten Rand. Das auffälligste Symptom dessen, worauf hier angespielt wird, ist die Beschwerde, man fühle sich durch dieses oder jenes scharfe, zielgenaue Argument »persönlich angegriffen« – eine Bemerkung, die so oder so ähnlich auch und gerade in linksprogressiven Milieus anzutreffen ist und mit einer ganz anders gelagerten Emotionalität einhergeht: An die Stelle offener, physischer Aggression wie im Paradebeispiel Trump tritt zumeist eher eine Art passiv-aggressive Kampfform, die das Verletztsein als rhetorische Waffe einsetzt, um argumentative Unterlegenheit zu kompensieren: Stopp. Das tut mir weh.

Mir selbst ist eine solche Reaktion schon häufiger in Debatten begegnet, am eklatantesten wohl vor einigen Jahren bei einer Veranstaltung in Berlin, als ich mich auf der Bühne für das generische Maskulinum und gegen gendersensible Sprache stark machte. In meiner Argumentation blieb ich bei der Sache, redete also etwa über die Eigenheit sprachlicher Bezeichnungen, den Einzelnen in seiner Besonderheit immer schon zu verfehlen etc., dennoch schallte mir aus der ersten Reihe ein »Hören Sie endlich auf, Sie beleidigen uns!« entgegen.

In einer solchen Situation gibt es drei Optionen: 1) Man bricht das Gespräch ab, womit der Punkt an den Gegner geht, der mit seiner Strategie, die eigene Vulnerabilität gegen Argumente auszuspielen, Erfolg hat. 2) Man lässt ab von der Angriffslust und schlägt den Pfad empathischer Anteilnahme ein. Dann streitet man nicht mehr, sondern versucht die Subjektivität des anderen zu verstehen. 3) Man verharrt im Streitmodus und wählt, sobald die Schlacht gewonnen ist, eine Formulierung, die das Herausfordernde des Messens auf den Punkt bringt: »Nimm's sportlich.«

Die Härte, die in Variante 3) unweigerlich mitschwingt, weist uns abschließend auf einen Punkt hin, der – im Sport wie im Streit – nicht übersehen werden darf: Damit Gegner sich wahrhaft messen können, müssen sie annähernd gleich stark sein, mit ähnlichen Chancen ins Rennen gehen. Gibt es hier eine große Unwucht, wird aus jedem Wettkampf, der das Wesen der Gegnerschaft ausmacht, nichts anderes als: brutale Vernichtung. Wer auf eine solche Weise geschlagen wird, verliert leicht das Gesicht, fühlt sich gedemütigt – und erklärt seinen Gegner fortan zum Feind.

SELBSTVERTEIDIGUNG

Einen Streit nach sportlichen Wettkampfregeln auszurichten meint im Kern, dass alle Teilnehmer die gleichen Chancen auf Sieg besitzen. Was natürlich nicht heißt, dass alle über das gleiche Talent verfügen, eine Debatte für sich zu entscheiden. Gemeint ist vielmehr, dass die Anlage des Wettkampfs fair sein muss. Um das Fundamentalste in der Sprache des Sports zusammenzufassen: Keine der Mannschaften darf bevorteilt werden. Und der Schiedsrichter muss unparteiisch sein. Tatsächlich würde jedes Fußballspiel sofort abgebrochen werden, wenn sich herausstellte, dass ein Team von vornherein mehr Mitspieler hat oder der Mann mit der Pfeife nur auf die Fouls einer Partei achtet, der anderen aber alles durchgehen lässt.

Umso erstaunlicher ist, dass diese Grundregeln eines fairen Kampfes, die doch recht leicht einzuhalten wären, in deutschen Talkshows auffällig oft missachtet werden. Man besetzt Streitrunden nicht selten so, dass eine Position allein dasteht und also bereits qua Setting als randständig markiert wird. Und der Moderator, der eigentlich für eine spannende Diskussion sorgen soll, indem er alle Positionen kritisch hinterfragt, herausfordert und miteinander ins Gespräch bringt, verbündet sich mit der Mehrheitsmeinung in seiner Runde, um den Einzelkämpfer zu demontieren.

In ihrem Buch *Die vierte Gewalt* analysieren Harald Welzer und Richard David Precht anhand empirischen Materials aus der jüngeren Vergangenheit die Gründe und die Effekte solcher Schieflagen. Als Paradebeispiel findet eine Talkshow des öffentlich-rechtlichen Fernsehens Erwähnung, an der ich selbst teilgenommen habe, und zwar in der Rolle der Abweichlerin.[69]

Die Rede ist von einer Talkshow, deren Titel – in diesem Kontext ironischerweise – »Hart aber fair« lautet. Ausgestrahlt wurde jene Ausgabe im Herbst 2021 während der Corona-Pandemie, die ich hier aus der Abweichler-Perspektive genauer wiedergeben möchte, um meine damit verbundene Erfahrung begrifflich zu fassen.[70]

Moderator war damals noch Frank Plasberg. Es ging um die Frage, ob eine allgemeine Impfflicht eingeführt beziehungsweise ob der Druck auf Nichtgeimpfte gegebenenfalls auf anderem Wege weiter erhöht werden müsse, um diese zur Vernunft zu bringen. »Nur ja keinen Zwang: Ist unsere Politik beim Impfen zu feige?«, das war der Titel. Die Ankündigung lautete: »In Deutschland sind zu viele Menschen ungeimpft, die vierte Welle trifft das Land mit voller Wucht. Warum sind wir wieder unvorbereitet? Knickt die Politik ein vor den Impfverweigerern? Wer hat Schuld, wenn wieder viele Tausend sterben und für alle Corona kein Ende nimmt?«[71]

Die angeblich »richtige« Antwort wird hier bereits angedeutet, wenn nicht gar vorweggenommen. Die, die sich nicht impfen lassen wollen, sowie alle Politiker, die zu feige sind, um entsprechende Zwangsmaßnahmen durchzusetzen, sind schuld an der vierten Welle. Nichtgeimpfte sind Tyrannen, die unsere Gesellschaft in Geiselhaft nehmen und die Toten im Lande zu verantworten haben. Deshalb muss man sie mit allen zur Verfügung stehenden Mitteln dazu bringen, sich einer Impfung zu unterziehen. Die Vorschläge, die in der Sendung vorgebracht und vom Moderator kritiklos geteilt wurden, reichten vom Ausschluss aus dem sozialen Leben bis hin zur gesetzlichen Pflicht, sich impfen zu lassen.

Das gesamte Setting der Sendung war so angelegt, dass herauskam, was vorher schon feststand. Als Abweichlerin wurde ich, vom Publikum aus gesehen, ganz links außen platziert. Der Platz rechts neben mir war frei, weil Stephan Weil, Ministerpräsident von Niedersachsen, zugeschaltet wurde, der Bildschirm, auf dem er zu sehen war, befand sich hinter dem leeren Sitz, was meine Randposition noch verstärkte. Dann kamen, von links nach rechts: Lisa Federle, Pandemiebeauftragte im Landkreis Tübingen, der Immunologe Carsten Watzel und der Journalist Georg Mascolo. Neben Mascolo: Frank Plasberg. Alle hier Genannten, einschließlich des Moderators, unterschieden sich in ihren Haltungen zur Titelfrage der Sendung in keinem relevanten Punkt. Am Beginn der Sendung hatten meine vier Gegenspieler weidlich Zeit, ihre einheitliche Position darzulegen. Nach knapp 15 Minuten dann kam ich an die Reihe.

Da Mascolo die Pockenimpfung als Vergleichsgröße ins Feld geführt hatte, wies ich darauf hin, dass die Corona-Impfung anders als die Pockenimpfung das Virus leider nicht zum Verschwinden bringt, ja noch nicht einmal, wie die Masernimpfung, zuverlässig vor Ansteckung schützt, was die Forderung nach einer allgemeinen Impfpflicht auf höchst wacklige Füße stellt. Auch auf desaströse politische Entscheidungen kam ich zu sprechen, etwa die, Impfzentren zu schließen oder Tests kostenpflichtig zu machen. Ich erwähnte die desolate

Lage in den Krankenhäusern, wo aufgrund von Personalmangel Intensivbetten nicht genutzt werden konnten. Angesichts dieser eklatanten Versäumnisse allein die Menschen zu beschuldigen, die von ihrem Recht Gebrauch machten, sich nicht impfen zu lassen, bezeichnete ich als Komplexitätsreduktion, zumal man nicht alle Menschen, die sich gegen eine Impfung entscheiden, über einen Kamm scheren kann und die Motive unterschiedlich sind.

Anstatt einen dieser Bälle aufzunehmen und meine vier Kontrahenten sportlich herauszufordern, konzentrierte sich der Moderator darauf, meine Argumentation zu zerschießen, indem er sich genau die Stellen herauspickte, die ihm angreifbar erschienen. Auch Statistiken wurden ausschließlich so ausgewählt, dass sie zeigen sollten: Die Nichtgeimpften sind das Übel! Als Beweis für deren kognitive Unzurechnungsfähigkeit wurde als Erstes die folgende Zahl eingeblendet: 89 Prozent aller Nichtgeimpften hätten in einer Untersuchung als Grund die einseitige Corona-Berichterstattung in den Medien angegeben. Abgesehen davon, dass die Sendung, in der ich damals saß, diese Wahrnehmung performativ bestätigen sollte, gab es just zu jener Zeit eine Studie, die zu dem Schluss kam, dass in der Tat zumeist Experten und Politiker in den Medien zu Wort kamen, die eine rigide Corona-Politik befürworteten, allen voran Christian Drosten und Karl Lauterbach. Und wie es der Zufall wollte, war Georg Mascolo als Journalist an besagter Studie sogar beteiligt gewesen, worauf ich hinwies und die Frage in den Raum stellte, ob denn diese Wahrnehmung, dass die Medien einseitig berichten, wirklich so ungeheuerlich sei, dass man sie hier als indiskutabel präsentierte.

Ob ich wirklich und allen Ernstes jemanden in eine Sendung wie »Hart aber fair« einladen würde, der sich nicht impfen lässt, weil er sich durch die Medien einseitig informiert fühlt, fragte Plasberg mehrmals ungläubig nach. Die Anwesenheit einer Philosophin, die selbst geimpft ist (worauf ich in der Sendung explizit hinwies, weil ich mich zunehmend in die Ecke gedrängt fühlte) und sich trotzdem gegen eine allgemeine Impfpflicht ausspricht, war offenbar das Äußerste, was der öffentlich-rechtliche Rundfunk seinem Publikum zumuten konnte. Offenbar traute man den Zuschauern eine eigene Urteilsfähigkeit nicht zu.

Heute wissen wir, dass die Einführung einer allgemeinen Impfpflicht in Österreich krachend gescheitert ist und wir in Deutschland auch ohne eine solche Pflicht aus der Pandemie herausgekommen sind. Die Position, die ich im Herbst 2021 vertrat, wäre heute schlicht kein Skandal mehr. Doch damals gab es keine Chance, durchzudringen. Meine Position war von vornherein eine unmögliche, was dadurch überdeckt wurde, dass von Seiten des Moderators mehrfach darauf hingewiesen wurde, ich hätte ja alle Zeit der Welt, meine Meinung darzulegen. Aber auch wenn etwas faktisch gesagt werden darf, kann es in einem bestimmten Kontext unsagbar sein, und so merkte ich von Minute zu Minute mehr, wie meine Zuversicht schwand, in jener Runde auch nur einen Punkt zu machen.

Ein Funken Hoffnung keimte auf, als Rückmeldungen von Zuschauern eingeblendet werden sollten, die sich zur Sendung und zu ihrem Thema äußerten. Denn es musste doch wenigstens da draußen vor den Fernsehern Menschen geben, die meine Position teilten. Wie viele es davon in der Tat gegeben haben muss, konnte ich nach der Sendung auf meinem Smartphone sehen: Sekündlich liefen Nachrichten mit dem Betreff »Danke« ein. In den folgenden Tagen sollten es Tausende werden. Doch in der Sendung selbst wurde kein einziges Feedback eingeblendet, das auf meiner Seite war.

Mein letzter Versuch bestand darin, mich ganz auf die Metaebene zurückzuziehen und das innerste Funktionsgesetz von Demokratien zu beschwören, das darin besteht, zu streiten und sich wechselseitig ernst zu nehmen. Doch auch mit dieser Ansicht stand ich allein da, nicht einmal der Moderator war der Meinung, dass Streit in dieser Sache etwas Gutes sei, was sich etwa zeigte, als Plasberg, um die Plausibilität eines Impfzwangs zu belegen, Kinder ins Spiel brachte, die ja auch »Druck« bräuchten. Der Souverän der Demokratie besteht also offenbar aus Gören, die man im Zweifelsfall zu ihrem Glück zwingen muss. Ich war ob dieser Ansicht fassungslos, aber mein Widerspruchsgeist war zu diesem Zeitpunkt bereits so gut wie tot.

Normalerweise schaue ich mir nie Talkrunden noch einmal an, in denen ich selbst als Teilnehmerin saß. Im Fall der »Hart aber fair«-Ausstrahlung habe ich es doch getan und ich merkte beim Zusehen, wie ich wieder zu fühlen begann, was ich damals im Studio fühlte: eine Art innere Auflösung. Meine Position als Subjekt verflüssigte sich. Meine Worte gingen ins Leere, sie erreichten niemanden. Es war, als würde ich mich in einer Realität befinden, in der nichts von dem, was ich sagte, Gewicht hatte, ja auch nur verstanden wurde. Und mehr noch: Es war, als würde ich mich mit jedem Wort mehr verstricken, mich immer verdächtiger machen. So wurde ich immer zurückhaltender, stiller – ein für mich vollkommen untypischer Zustand.

Als mich dann in den Tagen nach der Sendung sogar Journalisten, denen ich mich eigentlich verbunden fühle, öffentlich attackierten und mir jede Seriosität absprachen, indem mir etwa ein »kreativer Umgang mit Fakten« attestiert wurde, riet mir ein guter Freund, was mein Selbsterhaltungstrieb schon wusste: Auch wenn du dich ungerecht behandelt fühlst und du es kaum aushältst, dich nicht zu wehren: Halte still. Sonst wird alles nur noch schlimmer.

Es ist nicht leicht, diese Erfahrung, die mir im Grunde immer noch in den Knochen steckt, wirklich zu verstehen. Einen interessanten Ansatzpunkt habe ich in dem Buch »Selbstverteidigung« von Elsa Dorlin gefunden. Die Philosophin analysiert dort eine spezifische Technik der Gewalt, die bis in die Antike zurückreicht. Dorlin schreibt über Folterinstrumente, die so gebaut sind, dass der Mensch, der ihnen ausgesetzt ist, umso mehr leidet, je stärker er sich verteidigen möchte. Jede Bewegung, die er im Dienst der Lebenserhaltung macht, erzeugt unerträgliche Schmerzen. »Je mehr du dich verteidigst, desto mehr leidest du und desto sicherer stirbst du«[72], so fasst Dorlin das Prinzip dieser Technik zusammen und führt aus: »Hier geht es darum, *bestimmte Subjekte dazu zu bringen, sich als Subjekte auszulöschen*, ihr Handlungsvermögen anzureizen, um sie besser in ihr eigenes Verderben treiben und darauf abrichten zu können. Wesen zu produzieren, die sich umso mehr zugrunde richten, je mehr sie sich verteidigen.«[73]

Nun will ich mich hier selbstverständlich nicht zu einem Folteropfer stilisieren. Ich saß – als weiße, heterosexuelle Frau, promovierte Philosophin, Chefredakteurin und Buchautorin – in einer Talkshow. Und tatsächlich bin ich selbst der Auffassung, dass man nicht aus Zucker sein darf, wenn man sich in der Öffentlichkeit streiten will. Vielmehr muss man damit rechnen und leben, scharfen Gegenwind zu bekommen, zumal wenn man es so macht wie ich und durch Widerspruch provoziert. Dem verbreiteten Begriff des »Cancelns« stehe ich deshalb skeptisch gegenüber, weil er meistens viel zu ungenau verwendet wird und von Shitstorms über harte Gegenattacken bis hin zu Ausladungen oft alles meint.

Und es gibt noch einen Grund, warum ich mich hier nicht als Gewaltopfer inszenieren will. Jeder, der sich in die Manege wagt, tut das nicht nur der Sache wegen. Es ist immer auch ein Geltungsdrang im Spiel. Auch bei mir. Ohne diesen Drang würde niemand die Anstrengung auf sich nehmen, vor einem Millionenpublikum zu performen – immer verbunden mit dem Risiko, komplett zu versagen, Hass und tiefe Abneigung auf sich zu ziehen. Kurzum: Von antiken Tötungstechniken ist das alles denkbar weit entfernt.

Doch auch wenn meine Erfahrung selbstredend nicht 1:1 mit Folteropfern zu vergleichen ist, gibt es einen Punkt, an dem sich die Erfahrungen berühren. Ich habe – wenn auch nur temporär und auf einem ganz anderen Gewaltniveau – erlebt, wie es ist, sich durch Selbstbehauptung existenziell zu gefährden. Existenziell nicht in dem Sinne, dass ich beinahe wirklich gestorben wäre; aber es gibt auch einen sozialen Tod. Und die einzige Chance, ihm zu entkommen, hieß: Stillhalten.

In meiner eigenen Erfahrung zeigt sich damit ein bekannter Mechanismus der gegenwärtigen Medienöffentlichkeit: Je mehr sich ein Mensch, der öffentlich scharf attackiert wird, gegen die Angriffe wehrt, desto mehr gerät er in Gefahr, in jene Ecke zu rücken, aus der er sich eigentlich befreien will. Jedes vorgebrachte Argument wird dann als Indiz gelesen, dass der, der unter Verdacht steht, zu Recht verdächtigt wird. Wer jetzt nicht die Reißleine zieht und schweigt, anstatt sich verzweifelt weiter zu verteidigen, gerät schnell in eine fatale Dynamik, die nur noch schwer zu stoppen ist: Denn je aggressiver die Angriffe werden, desto größer wird die Verführung, sich womöglich gar mit Gruppen zu verbünden, denen man sich nicht zugehörig fühlt, aber die immerhin noch die Verbindung halten, während die, denen man doch eigentlich nah ist, abrücken und den Kontakt meiden. So gerät man leicht in den Strudel einer Selbstradikalisierung und bestätigt, wenn es ganz schlimm läuft, exakt jenes Feindbild, gegen das man sich doch gerade zu wehren versuchte.

Die Folge davon ist fatal: Es haftet fortan ein Ruch am eigenen Namen, den man schwer wieder loswird. Was wiederum dazu führt, dass vermehrt Einladungen ausbleiben und zunehmende Isolation einsetzt. Ab diesem Punkt beginnt, was mit dem Begriff »Canceln« im Kern gemeint ist: Ein systematischer Ausschluss aus der Öffentlichkeit. Die eigene Stimme zählt nicht mehr. Zumindest nicht in den relevanten Foren.

In meinem Fall ist es nicht so weit gekommen, weil ich zum einzigen Mittel gegriffen habe, das den hier skizzierten Mechanismus unterbricht: Bloß nicht bewegen. An die Stelle meiner Streitbereitschaft trat ein Schweigen, das sich damals wie Ergeben anfühlte und mir unsagbar schwer fiel. Anstatt zu kämpfen, legt man sich auf den Rücken und streckt alle viere von sich wie ein Tier, das nicht totgebissen werden will.

STRATEGIE UND FEIGHEIT

Mittlerweile bin ich vorsichtiger geworden. Auch strategischer. Bei Talkshowanfragen will ich, bevor ich zusage, ganz genau wissen, wer außerdem in der Runde sitzt. Meistens sage ich ab. Ich will nicht noch einmal erleben, was ich damals im Studio C in Berlin-Adlershof und in den Tagen nach der Sendung erlebt habe, sobald ich die Zeitung aufschlug. Insgesamt überlege ich mir inzwischen sehr genau, ob ich Anfragen zu heiklen Themen annehme. Neben meiner eigenen Gesundheit liegt mir auch die meiner Familie am Herzen, die durch massive Shitstorms ebenfalls belastet wird. Damit verbunden ist die Verführung einer gewissen Bequemlichkeit. Wer einmal auf dem Rücken liegt und alle viere von sich streckt, findet irgendwann womöglich Gefallen an der Horizontalen. So ertappe ich mich bei Gedanken wie: Ja, zu diesem oder jenem müsste man ganz klar Stellung beziehen, aber da sollen jetzt mal andere ran. Und dann mache ich es mir, anstatt die Anstrengung eines öffentlichen Streits auf mich zu nehmen, auf dem Sofa gemütlich.

Vieles an dieser Haltung, die ich mir angeeignet habe, ist gesund und auch notwendig. Die eigene Stimme muss geschützt werden, wenn sie weiter gehört werden soll. Zudem muss ich nicht immer diejenige sein, die sofort in die Bresche springt. Auch im Heldentum kann ein gehöriges Maß an Narzissmus und Geltungsdrang stecken. Die eigenen Abgründe gilt es fest im Blick zu behalten.

Gleichzeitig aber ist offensichtlich, dass strategische Zurückhaltung gefährlich nah an der Feigheit ist. Bloß keine Angriffsfläche bieten. Lieber wegducken und andere machen lassen. Damit eng verbunden ist ein subtiler Opportunismus: Wer auf gar keinen Fall zum Shitstorm-Opfer werden will, kann sich nicht hart in den Wind stellen, sondern fühlt sich vielmehr angehalten, bestimmte Strömungen in sich aufzunehmen, um nicht aufzufallen. Nähe zu Personen, die man eigentlich mag, aber öffentlich in Misskredit geraten sind, meidet man dann besser, um keine »Kontaktschuld« auf sich zu laden. Oder man gendert, obwohl man es eigentlich ablehnt. Lässt Meinungen unwidersprochen, schlicht weil man keinen Ärger auf sich ziehen will.

Es gibt ein altes Gedicht, das die Ambivalenz strategischer Biegsamkeit vielschichtig zum Ausdruck bringt. Es stammt von Jean de La Fontaine, einem Fabeldichter des 17. Jahrhunderts, und trägt den Titel »Die Eiche und das Schilfrohr«. Eiche und Schilfrohr debattieren darüber, wer einem Sturm wohl besser standhält. »Du hast, / So scheint mir, guten Grund, mit der Natur zu grollen«, so ereifert sich die starke Eiche. Ein kleiner Vogel schon sei dem Schilf »eine schwere Last«, nur ein »Windhauch« genüge, um ihm »den Kopf zu neigen«. Sie selbst, die Eiche, dagegen halte stand und nicht einmal »des Sturmes Wut / Vermag mein stolzes Haupt zu beugen«. Das Schilfrohr aber reagiert durchaus selbstbewusst und entgegnet, dass der Wind ihm nichts anhaben könne, denn: »Ich bieg, aber breche nicht.« Als der Sturm dann aufzieht, schwankt das Schilfrohr geschmeidig im Wind. Die stolze Eiche aber wird durch den Sturm entwurzelt und fällt ihm zum Opfer.[74]

Das Gedicht handelt von falschem Hochmut. Von fataler Sturheit, die sich rächen wird. Und von überlebensnotwendiger Anpassungsfähigkeit, die sich maximaler Flexibilität verdankt. Das Schilfrohr, das wäre die missgünstige Lesart, ist ein geschickter Opportunist. Ein klägliches Fähnlein im Winde. Ohne Rückgrat, ohne Haltung. Um den Sturm zu überstehen, neigt es sich demütig bis zum Boden. Das Schilfrohr: ein Stiefellecker.

Doch das ist nur die eine Seite. Diese abwertende Interpretation wird der schillernden Mehrdeutigkeit des Schilfs nicht gerecht, das ja keineswegs einfach der Lächerlichkeit preisgegeben wird. Vielmehr wohnt gerade in seiner Fragilität und seiner Sensibilität eine Widerstandsfähigkeit, die der stämmigen Eiche abgeht. Diese trotzt dem Sturm, und genau deshalb wird sie von ihm gefällt. Man könnte die Eiche als eine Versinnbildlichung des Typus »Überzeugungstäter« deuten. Frei nach Luther: Hier stehe ich, ich kann nicht anders. Und wenn Gott mir nicht hilft, sterbe ich eben. Diese Haltung ist alles andere als feige. Aber sie ist, wenn sie mit allzu großer Sturheit und Stumpfheit einhergeht, nah am fahrlässigen Selbstmord – und deshalb keineswegs mit Mut oder Tapferkeit gleichzusetzen.

Mut nämlich, so ist bei Aristoteles nachzulesen, setzt eine Empfindlichkeit für Gefahren notwendig voraus. Und auch eine gewisse Ängstlichkeit. »Wer überhaupt vor nichts Angst hat und auf alles losgeht, der wird ein sinnloser Draufgänger«[75], heißt es in der *Nikomachischen Ethik*. Allerdings darf man es mit der Angst auch nicht übertreiben, denn: »wer übersteigerte Angst und ein Zuwenig an Mut hat, ist feige«[76]. Mut ist für Aristoteles also nicht das Gegenteil der Feigheit. Sondern der Mut bildet die Mitte zwischen ebendieser und der Tollkühnheit. Der Mutige ist sensibel für Gefahren und schützt sich so davor, blind in sie hineinzurennen. Salopp formuliert: Anstatt der Gefahr tollkühn den Stinkefinger zu zeigen, nimmt der Mutige sie ernst, lotet sie aus, antizipiert sie. Aber er lässt sich von ihr auch nicht in die Flucht schlagen, sondern hält an seinem Ziel fest.

Genau hier liegt die Verbindung zur eingangs erwähnten Strategie, die sich nun klarer fassen und so von der Feigheit unterscheiden lässt. Ein mutiger Mensch im aristotelischen Sinne ist notwendigerweise ein Stratege. Das Wort Strategie kommt aus dem Altgriechischen und meint »Feldherrentum«. Der Feldherr zeichnet sich dadurch aus, dass er den Überblick hat und Risiken richtig einzuschätzen weiß, um so sein Ziel zu erreichen: Er will die Schlacht gewinnen. Welche Mittel zu diesem Ziel führen, zeigt die konkrete Situation mit all ihren Unwägbarkeiten, die es aber eben doch so gut wie möglich zu erwägen gilt, um so die richtigen Schlüsse zu ziehen.

Aus der chinesischen Militärgeschichte lässt sich wiederum lernen, dass gerade auch Anpassung und Nichtstun ein probater Weg zum Sieg sein können. General Sunzi, der im 6. Jahrhundert vor Christus gelebt haben soll (die Quellenlage ist hier unsicher), orientierte sich am Taoismus, einer philosophischen Strömung, die, für Westler ungewöhnlich, ausgerechnet in der Passivität die Kraft des Handelns erkannte. So wie das Wasser etwaige Hindernisse umfließt und auf diese Weise an sein Ziel kommt, kann eine konkrete Kriegssituation erfordern, dass es effektiver ist, auf eine harte, unmittelbare Auseinandersetzung mit dem Feind zu verzichten.[77]

Doch gerade aufgrund ihrer kühlen Zielorientiertheit hat die Strategie auch eine Kehrseite. Wer strategisch agiert, stellt die Erreichung des Ziels über die Mittel, die dafür nötig sind, was zu fragwürdigem Verhalten führen kann. Sunzi zum Beispiel war offen für jede Hinterlist, die ihn dem Sieg näherbringt. Mit der kantischen Pflichtethik, der zufolge eine Handlung selbst gut sein muss, weshalb Hinterlist für Kant als Option kategorisch ausfiel, hätte Sunzi nicht viel anfangen können.

Radikale Strategen sind radikale Konsequenzialisten. Es geht ihnen um die Folgen einer Handlung. Ob die Handlung selbst unmoralisch ist, ist egal, solange ihre Folgen davon nicht negativ beeinflusst werden. Und um den Fokus wirklich allein auf das Ziel zu richten, müssen sie Emotionen beiseitelassen. Der Stratege handelt kalt, nicht heiß. Affekte hat er unter Kontrolle. Aus reiner Freundschaft, Nächstenliebe oder tiefer Überzeugung handelt er grundsätzlich nie.

Womit sich – um auf das Streiten in der Öffentlichkeit zurückzukommen – die Frage stellt, ob ich wirklich das Schilfrohr sein will. Oder nicht doch lieber die Eiche. Nehmen wir an, ein guter Freund, der gerade aufgrund einer (aus meiner Sicht vollkommen richtigen) Aussage massiv in der öffentlichen Kritik steht, braucht Hilfe. Jemanden, der ihm beispringt, um an seiner Seite zu kämpfen, und zwar sofort. Will, kann ich ihm dann wirklich sagen: Du, strategisch gesehen ist das zu riskant? Und sind wir historisch gesehen nicht gerade jenen zu größtem Dank verpflichtet, die ihre Überzeugung hochgehalten haben, dass ein Unrecht geschieht – auch auf die Gefahr hin, die eigene Freiheit oder gar das Leben zu verlieren?

Dazu kommt, dass wir mit Blick auf unsere nach wie vor vergleichsweise komfortable Situation die Kirche im Dorf lassen müssen: Wenn ich mich hier und heute in einen öffentlichen Streit werfe, werde ich weder ins Gefängnis gesteckt noch gesteinigt oder am nächsten Laternenpfahl aufgehängt. Habe ich so gesehen nicht sogar die Pflicht als öffentliche Person, meine Überzeugung kundzutun, Gefahren hin oder her? Arbeite ich nicht selbst an einer Verengung des Sagbaren mit, wenn ich im entscheidenden Moment die Klappe halte?

Wie so oft ist die Antwort nicht in einem Entweder-oder, sondern in einem Sowohl-als-auch zu suchen. Viele Situationen erfordern eine Schilfrohr-Strategie. Selbst in Freundschaften kann das der Fall sein. Denn auch der engste Freund hat nichts davon, wenn wir aufgrund unüberlegter Streitlust beide untergehen. Aber in bestimmten Momenten bedarf es eben doch des Handlungsprinzips der Eiche. Gebraucht wird eine dicke Haut und risikofreudiger Übermut:[78] Jetzt oder nie. Ob es gut geht, ist alles andere als gewiss. Unter Umständen steht man in diesen Momenten ganz allein da und fühlt schon, wie die Rinde bricht, der Stamm unter Spannung gerät, die Wurzeln sich zu lösen beginnen …

Vielleicht aber ist dieses Alleinsein nur eingebildet. Vielleicht gibt es in Wahrheit viele »Eichen«, die durch ein geheimes, sensibles, unterirdisches Netzwerk miteinander verbunden sind – und sich just im Augenblick der höchsten Gefahr gegenseitig schützen. Wer seine Lebendigkeit und Spontaneität im heutigen Debattenfeuer nicht verlieren will, muss an diese Möglichkeit glauben.

MIT HABERMAS INS PLURIVERSUM

Ein wichtiger Punkt ist bislang noch unterbelichtet geblieben, und er führt uns am Ende noch einmal zu Habermas zurück. Denn wenn meine Eingangsthese stimmt, dass Streit kein Diskurs ist, weil er sich gerade durch Unversöhnlichkeit auszeichnet, muss die folgende Frage noch exakter geklärt werden: Was genau hält die Streitenden eigentlich bei der Stange, wenn zwei Sichtweisen sich konträr gegenüberstehen und keine Einigung erkennbar ist? Wieso überhaupt sich die Mühe machen, Argumente vorzubringen, um seinen Gegner zu schlagen? Läge es nicht im Grunde näher, den Streit gleich sein zu lassen und den anderen ganz kalt als »fremd«, als »Feind« zu betrachten, wie es die Staatstheorie von Carl Schmitt vorsieht (vgl. das Kapitel *Messen und Morden*)?

Mit Feinden, so wie Schmitt sie versteht, tritt man nicht im eigentlichen Sinn in einen Streit ein, um sie auf die eigene Seite zu ziehen. Feinde sind Feinde. Punkt. Mit ihnen lohnt sich nicht zu reden. Und wenn es hart auf hart kommt, muss man eben bereit sein, sie zu vernichten. Und: Schmitts Feindbegriff und der von ihm anempfohlene Umgang mit Feinden ist ganz und gar emotionslos – zur hohen Affektivität des Streits passt das kaum: »Der politische Feind braucht nicht moralisch böse, er braucht nicht ästhetisch häßlich zu sein; er muß nicht als wirtschaftlicher Konkurrent auftreten, und es kann vielleicht sogar vorteilhaft scheinen, mit ihm Geschäfte zu machen«, schreibt Schmitt. »Er ist eben der andere, der Fremde«, und es genüge, »daß Konflikte mit ihm möglich sind«.[79]

Das klingt nach kalter Strategie, nicht aber nach Streit. Woraus folgt: Mit Schmitt lässt sich das Phänomen des Streitens, der Eros des Ringens, nicht hinreichend erklären. Als kühler Realist ist er zunächst einmal schlicht ein wertvoller Augenöffner für die Tatsache, dass jede »politische Einheit« sich durch Abgrenzung konstituiert und es im Feld des Politischen fundamental verschiedene, unvereinbare Wertesysteme gibt: »Die politische Welt ist ein Pluriversum, kein Universum«[80].

Schmitt hat einen klaren Blick dafür, dass es vermutlich immer Menschen geben wird, die ganz andere Werte verfechten und sich eine Welt wünschen, in der man selbst nie leben möchte. Menschen also, deren Sicht man schlicht nicht teilt, vielleicht noch nicht einmal versteht, und die sich auch durch stundenlange Diskussionen nicht überzeugen lassen, weil sie anders denken als man selbst. Dieser Schmitt'sche Realismus besitzt gerade in einer polarisierten, sich geopolitisch neu ordnenden Welt große Plausibilität – und somit hohen Erkenntniswert.

Und doch: Für mich bleibt schwer erträglich, dass Menschen radikal anders denken. Dass sie sich an anderen Werten orientieren, die ich für falsch und gefährlich halte. Nicht unbedingt für mich persönlich, aber mindestens für andere. Auch will ich nicht einfach akzeptieren, dass die Welt in Freund und Feind auseinanderfällt.

Womit wir beim springenden Punkt wären: Wer streitet, ist zur schlichten Akzeptanz ja gerade nicht bereit, sondern vielmehr getrieben vom Überzeugungswillen. Zu streiten heißt, ein Gegenüber nicht kalt als Feind abzustempeln, sondern die Mühen der Argumentation auf sich zu nehmen. Es war Immanuel Kant, der diesen Punkt prägnant in einem Satz zum Ausdruck brachte: »Denn worüber es erlaubt sein soll zu streiten, da muß Hoffnung sein, unter einander übereinzukommen«[81]: so heißt es in Kants »Kritik der Urteilskraft«. In der Tat ist schwerlich vorstellbar, wie ohne diese Hoffnung ein Streit ernsthaft zu führen wäre. Und wenn ich mich von ebenjener Hoffnung leiten lasse, dann muss ich zumindest versuchen, Worte zu finden, die der Gegenseite Anschluss ermöglichen. Dazu muss ich meinem Affekt eine entsprechende Form geben. Nämlich die Form eines gut begründeten Argumentes, das – so die Hoffnung! – die Kraft besitzt, der anderen Seite klarzumachen, dass sie irrt. Kant formuliert das mit Blick auf ästhetische Urteile so: »(M)ithin muß man auf Gründe des Urteils, die nicht bloß Privatgültigkeit haben und also nicht bloß subjektiv sind, rechnen können (…).«[82]

Was wir jetzt also klarer erkennen können, ist dies: Die Diskursethik von Habermas ist für die Erhellung des Phänomens Streit nicht einfach verzichtbar. Denn: Es ist ja gerade der Diskurs, in dem durch die Formulierung von Argumenten unter idealen Bedingungen Einigung erzielt werden soll (vgl. das Kapitel *Streit ist kein Diskurs*).

Aber, wohlgemerkt: Im Kant-Zitat ist lediglich von Hoffnung die Rede. Ob sie sich erfüllt, ist eine ganz andere Frage. So sieht auch Habermas sehr klar, dass die ideale, herrschaftsfreie Sprechsituation, als die er den konsensorientierten Diskurs beschreibt, nicht gleichbedeutend mit der Wirklichkeit ist. Und in der Tat: Faktisch geht niemand ganz und gar »erfahrungsfrei« in eine Kommunikation hinein. Faktisch lassen sich nicht »alle Motive außer dem der kooperativen Wahrheitssuche« aus einer Sprechsituation heraushalten.[83] Und faktisch bleiben die Positionen auch nach stundenlangem Argumentationsaustausch sehr oft unversöhnt. Um den zwanglosen Zwang des besseren Arguments ist es also in der Realität nicht sonderlich gut bestellt. Und gerade diese Unüberbrückbarkeit, die fehlende Einsicht auf der anderen Seite, steigert die Aggression, lässt die Affekte schnell in die Höhe schießen.

Und wer hätte das – in der Praxis! – besser gewusst als Habermas selbst? Tatsächlich ist Habermas einer der ganz wenigen zeitgenössischen Philosophen, die sich in öffentliche Debatten mit klaren, starken Positionen einmischen. Dabei geht er, wie Philipp Felsch in seiner Studie über Habermas schreibt, »keineswegs zimperlich mit seinen Gegnern um«: »Seinem Hang zu Konfrontation und Polemik ist er bis heute treu geblieben.«[84] Wenn also ein Philosoph streitet, dann Habermas! Seine Einlassungen sind (man denke etwa an den Historikerstreit) stets von der festen Überzeugung durchwirkt, die Sache richtig zu sehen, auf der guten, progressiven Seite zu stehen – und also den Streit unbedingt gewinnen zu müssen.

Habermas wählte für öffentliche Auseinandersetzungen vor allem die Schriftform, in Talkshows setzte er sich nie, auch das Radio mied er.[85] Die Affektivität der mündlichen Rede ist in der Schrift anders aufgehoben; diese Differenz würde noch einmal einer genaueren Analyse bedürfen, die ich hier nicht leisten will. Worauf es mir ankommt, ist zu zeigen, dass auch und gerade dem Diskursethiker Habermas Siegeswille nicht fremd ist. Wer streitet, will gewinnen – was genau besehen eben heißt: Ich hoffe, eine Einigung zu erzielen, indem ich den Anderen durch Argumente auf meine Seite ziehe. Streiten, das habe ich im ersten Kapitel dieses Buches gezeigt, setzt voraus, sicher zu sein, recht zu haben, um mit der entsprechenden Härte in die Auseinandersetzung gehen zu können. Ja, es stimmt, um sich im Streit von der Hoffnung auf Einigung tragen zu lassen, muss der Affekt eine Form finden, nämlich die Form des Arguments – doch das Argument ist deshalb noch lange nicht frei vom Affekt.

Die Hoffnung auf Einigung, wie sie für den Streit konstitutiv ist, ist mithin faktisch von Herrschaft durchwirkt. Und wer einen universalistischen Ansatz vertritt wie Habermas, offenbart seinen Willen zur Macht bereits in exakt dieser Idee intersubjektiv geteilter Wahrheiten. Westliche, liberale Werte werden sich weltweit durchsetzen, weil sie vernünftig sind: Es ist Habermas, der am Ideal eines »pazifizierte(n) Erdball(s)« orientiert ist; eine Formulierung, die von Carl Schmitt stammt und die dieser in eher ironischer Absicht wählt, um das Ende der Unterscheidung von Freund und Feind zwar als theoretisch möglich, aber doch als extrem unwahrscheinlich auszuweisen.[86] Und weil Habermas an der Existenz universaler Werte und Normen festhält und der Überzeugung ist, dass prinzipiell jeder diese als vernünftig anerkennen muss, streitet gerade er mit Verve für sie. Der Machttheoretiker Carl Schmitt dagegen rät eher zu kühler Gelassenheit. Lernen lässt sich von beiden.

Von Schmitt lernen heißt: Wir müssen der Tatsache radikaler Pluralität ins Auge sehen. Dass alle Menschen sich früher oder später auf einen Wertekanon einigen und in Frieden zusammenleben, erweist sich aus Schmitt'scher Perspektive als Traumtänzerei, die mit moralistischer Arroganz einhergeht: Wir sind die Guten, ihr die Bösen. Schmitt favorisiert dagegen eher die Losung: Leben und leben lassen, vielleicht sogar voneinander profitieren – zumindest solange der Feind meine eigene Existenz nicht gefährdet. Erst wenn er das tut, wird es ernst. Solange dieser Punkt aber nicht erreicht ist, soll der andere denken, was er will. Streitenden, die nicht mehr weiterwissen, würde Schmitt also vielleicht dies raten: Lasst euch doch eure Sichtweisen. Und wenn ihr es nicht ertragt, dann lebt eben in getrennten Welten weiter.

Von Habermas lernen heißt: Das soziale Band darf nicht zerreißen. Nur wenn wir eine Welt teilen, können wir uns auf Normen und Werte einigen, die ein freies Leben für alle ermöglichen. Wem nicht nur am eigenen Wohl respektive dem Wohl der eigenen »politischen Einheit« (Schmitt), sondern am Wohl der Menschheit gelegen ist, darf die Hoffnung auf Einigung nicht aufgeben und muss die unendliche Anstrengung des Argumentierens auf sich nehmen. Selbst wenn das Gegenüber sagt: ›Worüber redest du? Ich verstehe dich nicht!‹, ist Aufgeben keine Option. Wenn wir nur lange genug miteinander ringen – so die Hoffnung – werden wir in der Lage sein, weiterhin eine Welt zu teilen. Das Subjektiv-Affektive – die Triebfeder des Streits – muss eine allgemeine, anschlussfähige Form finden. Wenn wir die Hoffnung aufgeben, dass es diese Form gibt, zerfällt die Welt.

Dass Habermas allerdings dazu neigt, bestimmte Positionen von vornherein als indiskutabel auszugrenzen, offenbart, dass er seinem eigenen Anspruch nur sehr bedingt gerecht wird (vgl. das Kapitel *Grenzen der Vernunft*). Vielmehr findet seine Streitbereitschaft eine Grenze genau da, wo die Hoffnung auf Einigung ernsthaft auf die Probe gestellt werden würde – nämlich in der Konfrontation mit jenen, die sich an völlig anderen Normen und Werten orientieren. Just dieses Ende des Auseinandersetzungswillens ist der Punkt, an dem sich Habermas mit seinem Antipoden Schmitt sogar berührt. Denn: Auch der Kritische Theoretiker kann eiskalt sein. AfD-Politiker und -Wähler sind für ihn keine politischen Gegner, sondern Feinde, mit denen man nicht reden darf, sondern die man zu ignorieren hat.

Schmitt und Habermas sind in ihrem Denken mithin kompatibler, als es auf einen ersten Blick scheint. In jedem heftigen Streit wird fühlbar, dass beide auf ihre Weise recht haben. Ich meine damit die ungeheure Anstrengung, die es bedeutet, mit einem Menschen zu streiten, der in seiner Art, zu denken, Lichtjahre entfernt zu sein scheint; und es gibt Momente, in denen fraglich wird, ob es auch nur ein Minimum an Schnittmenge gibt, die notwendigerweise vorhanden sein muss, um überhaupt zu kommunizieren.

In einer Zeit nutzerspezifischer Informationsversorgung im Netz sind diese Überschneidungen tatsächlich oft verschwindend gering. Streitende, die fundamental unterschiedliche, gar einander widersprechende Informationen im Internet konsumieren, finden oft kaum noch einen Punkt, an den sich produktiv anknüpfen ließe. In seinem jüngsten Buch beleuchtet Habermas exakt dieses Problem. Durch den technologisch bedingten, neuen Strukturwandel, so der Philosoph, »entsteht in jenen spontan selbstgesteuerten und fragmentierten Öffentlichkeiten, die sich sowohl von der redaktionellen oder offiziellen Öffentlichkeit als auch voneinander abspalten, ein Sog zur selbstbezüglich reziproken Bestätigung von Interpretationen und Stellungnahmen.«[87] Meint: Wer in einer derartigen, abgespaltenen Teilöffentlichkeit zu Hause ist, findet sich in unendlichen Feedbackschlaufen mit anderen, ähnlich denkenden Nutzern wieder. Auf diese Weise entstehen eigene Wertesysteme und spezifische Narrative, die andere, alternative Fakten hervorbringen – woraus folgt, dass wir, nun auch für Habermas deutlich sichtbar, in einer Realität angekommen sind, in der Carl Schmitt uns immer schon wähnte: im Pluriversum.

EPILOG

In jedem Streit, der diesen Namen verdient, gibt es einen entscheidenden Augenblick. Es handelt sich um einen Moment nicht länger als ein Wimpernschlag, der das ganze Leben enthält, in dem alle Erfahrungen, die ein Mensch gemacht hat, aufgehoben sind. Die Entscheidung, jetzt, in dieser Millisekunde, lautet: Bleiben oder gehen. Das Bündnis halten – oder kappen. Worte finden, die, auch wenn sie klar und hart sind, ein Weiter ermöglichen – oder diese Anstrengung unterlassen.

Welcher Weg gegangen wird, hängt von der Art der Erfahrungen ab. Und davon, auf welche Weise sich das Vergangene im Jetzt manifestiert.

Ich selbst erinnere mich an einige, sehr wenige Situationen, in denen ich mich wahrgenommen habe wie eine Puppe, an deren Fäden jemand anderes zieht, aus deren Mund Worte kommen, die eigentlich nicht mir gehören. Worte, die mir als Kind Todesangst einjagten und die plötzlich aus mir selbst hervorschießen wie Giftpfeile, die niemand überlebt.

Nicht immer hat mir das im Nachhinein nur leidgetan. In sehr seltenen Fällen muss sich die Zerstörung Bahn brechen, damit man selbst nicht vor die Hunde geht. Und manchmal sind getrennte Welten besser, als zwanghaft an der einen, geteilten, festzuhalten.

Aufs Ganze besehen aber bin ich wohl eher eine, die im entscheidenden Moment die Verbindung hält. Meine Mutter ist gegangen. Für mich ist das Gehen keine Option, was ich meistens als innere Freiheit empfinde, hin und wieder aber auch schlicht als Erbe. Warum ich also streite? Um bleiben zu können. Denn nur wo wir dem Streit erlauben, bis an die Substanz eines Verhältnisses zu gehen, kann es sich beweisen.

DANK

Hartmut Böhme für die »Form des Affekts«. Josef Früchtl für die Gespräche über Kants »Kritik der Urteilskraft«. Eva von Redecker für Elsa Dorlin. Thorsten Jantschek für das Lesen des Radiokapitels. Fabrice Gerschel für die Schreibzeit. Theresa Schouwink, Moritz Rudolph, Jana Glaese und Dominik Erhard für das Besondere. Lina Muzur für Einladung und Lektorat. Carsjen für sein dickes Fell. Antje und Insa für die Schwesternschaft. Meiner Mutter für den Mut. Meinem Vater für den Halt aus der Ferne. Ada und Samuel für ihre unermüdlichen Widerworte. Florian für die Substanz. Und Elisabeth – für das Bündnis.

ANMERKUNGEN UND VERWEISE

1 Vgl. Grimm: Deutsches Wörterbuch. https://woerterbuchnetz.de/?sigle=DWB&lemid=S51895
2 Vgl. Duden. S. 667.
3 Habermas: Diskursethik. S. 19.
4 Habermas: Theorie des kommunikativen Handelns. S. 47.
5 Vgl. Felsch: Der Philosoph. S. 54.
6 Vgl. hierzu auch Früchtl: Demokratie der Gefühle.
7 Freud: Abriss der Psychoanalyse. S. 13.
8 Ebd.
9 Ebd. S. 14.
10 Vgl. Lévinas: Zwischen uns. S. 133.
11 Hill: Wellness. S. 519.
12 Simmel: Der Streit. S. 284.
13 Ebd. S. 285–286.
14 Ebd. S. 288.
15 Ebd. S. 315.
16 Ebd.
17 Ebd.
18 Hill: Wellness. S. 519.
19 Simmel: Streit. S. 312.
20 Ebd. 312–313.
21 Ebd. S. 313.
22 Ebd.
23 Ebd.
24 Ebd.
25 Ebd.
26 Vgl. hierzu auch Sennett: Verfall und Ende des öffentlichen Lebens.
27 Kant: Kritik der praktischen Vernunft. S. 41 (§ Grundgesetz der reinen praktischen Vernunft).

28 Habermas, Jürgen: Für eine demokratische Polarisierung. In: Blätter für deutsche und internationale Politik. Nr. 11/2016. S. 35–42. Hier: S. 38–39.

29 Ebd.

30 Ebd. S. 39.

31 Vgl. z.B. Frick, Marie-Luisa: Zivilisiert streiten. Zur Ethik der politischen Gegnerschaft. Stuttgart (Reclam) 2017. S. 24 ff.

32 Habermas: Theorie des kommunikativen Handelns. S. 509.

33 Nachzulesen ist diese Auseinandersetzung ebd. S. 505 ff.

34 Horkheimer, Max und Theodor W. Adorno: Dialektik der Aufklärung. Philosophische Fragmente. Frankfurt am Main (S. Fischer) 1997. S. 62.

35 Horkheimer/Adorno: S. 19.

36 Ebd. S. 18.

37 Ebd. S. 22.

38 Böhme: Das Andere der Vernunft. S. 9.

39 Habermas: Für eine demokratische Polarisierung. S. 39.

40 Ebd. S. 38.

41 Leo, Per: Die AfD als Denkproblem. In: Philosophie Magazin. Nr. 1/24. S. 20–23. Hier: S. 21.

42 Vgl. Manow, Philipp: Unter Beobachtung. Die Bestimmung der liberalen Demokratie und ihrer Freunde. Berlin (edition suhrkamp) 2024. S. 44 ff.

43 Reckwitz: Die Gesellschaft der Singularitäten. S. 27.

44 https://www.deutschlandfunkkultur.de/afd-politiker-marc-jongen-wir-sind-die-lobby-des-volkes-100.html (zuletzt abgerufen am 21.02.2024)

45 Sieferle, Rolf Peter: Finis Germania. Schnellroda (Antaios) 2017. S. 63.

46 https://www.deutschlandfunkkultur.de/rolf-peter-sieferle-und-sein-finis-germania-eine-100.html (zuletzt abgerufen am 30.4.2024)

47 https://www.cicero.de/innenpolitik/peter-sloterdijk-ueber-merkel-und-die-fluechtlingskrise-es-gibt-keine-moralische (zuletzt abgerufen am 1.3.2024)

48 Vgl. Arendt: Verstehen und Politik. S. 110.

49 Zitiert nach Meyer: Hannah Arendt. S. 25.
50 Schmitt, Carl: Der Begriff des Politischen. Texte von 1932 mit einem Vorwort und drei Corollarien. Duncker & Humblot (Berlin) 2015. S. 19–72. Hier: S. 31.
51 Canetti, Elias: Masse und Macht. Frankfurt am Main und Wien (Büchergilde Gutenberg) 1978. S. 215.
52 Ebd. S. 215.
53 Ebd. S. 216.
54 Ebd.
55 Ebd.
56 Ebd. S. 217.
57 Ebd. S. 218.
58 https://www.rev.com/blog/transcripts/donald-trump-speech-save-america-rally-transcript-january-6 (zuletzt abgerufen am 1.3.2024)
59 Canetti: Masse und Macht. S. 216/217.
60 Schmitt: Der Begriff des Politischen. S. 42.
61 Ebd. S. 43.
62 Ebd. S. 44.
63 Mouffe, Chantal: Über das Politische. Wider die kosmopolitische Illusion. Frankfurt am Main (Suhrkamp) 2007. S. 22.
64 Ebd. S. 31.
65 Ebd. S. 30.
66 Ebd.
67 Ebd. S. 24.
68 Frick: Zivilisiert streiten. S. 32–33.
69 Vgl. Precht, Richard David und Harald Welzer: Die vierte Gewalt. Wie Mehrheitsmeinung gemacht wird, auch wenn sie keine ist. Frankfurt am Main (S. Fischer) 2022. S. 149.
70 Die Sendung ist abrufbar unter: https://www.youtube.com/watch?v=r2_xH8to_pA (zuletzt abgerufen am 1.3.2024)
71 Vgl. https://programm.ard.de/?sendung=281064000503377&ref=Newsletter::Highlight (zuletzt abgerufen am 1.3.2024)
72 Elsa Dorlin: Selbstverteidigung. Eine Philosophie der Gewalt. Berlin (Suhrkamp) 2022. S. 10.

73 Ebd. S. 12.

74 De la Fontaine: Die Eiche und das Schilfrohr. S. 56–57.

75 Aristoteles: Nikomachische Ethik. Übersetzung und Nachwort von Franz Dirlmeier. Stuttgart (Reclam) 2004. S. 37.

76 Ebd. S. 46.

77 Vgl. Rémi Mathieu: Sunzi und das strategische Denken. In: Philosophie Magazin. Nr. 2/2018. S. 74–79.

78 Vgl. Rudolph, Moritz: Übermut tut manchmal gut. In: Philosophie Magazin 6/22. S. 58–59.

79 Schmitt: Der Begriff des Politischen. S. 26.

80 Ebd. S. 50.

81 Kant, Immanuel: Kritik der Urteilskraft. Hamburg (Felix Meiner Verlag) 2009. S. 236 (§ Auflösung zur Antinomie des Geschmacks).

82 Ebd. S. 236.

83 Vgl. Habermas: Diskursethik. S. 12.

84 Felsch: Der Philosoph. S. 54–55.

85 Ebd. S. 81.

86 Vgl. Schmitt: Der Begriff des Politischen. S. 33.

87 Habermas: Ein neuer Strukturwandel der Öffentlichkeit und die deliberative Politik. S. 58–59.

VERWENDETE LITERATUR

Arendt, Hannah: Verstehen und Politik. In: Zwischen Vergangenheit und Zukunft. Übungen im politischen Denken I. Herausgegeben von Ursula Ludz. München und Zürich (Piper) 1994. S. 110–127.

Aristoteles: Nikomachische Ethik. Übersetzung und Nachwort von Franz Dirlmeier. Stuttgart (Reclam) 2004.

Böhme, Hartmut und Gernot Böhme: Das Andere der Vernunft. Zur Entwicklung von Rationalitätsstrukturen am Beispiel Kants. Frankfurt am Main (Suhrkamp) 1985.

Canetti, Elias: Masse und Macht. Frankfurt am Main und Wien (Büchergilde Gutenberg) 1978.

De la Fontaine, Jean: Die Eiche und das Schilfrohr. In: Ders.: Sämtliche Fabeln. Mit den Illustrationen von Grandville. Aus dem Französischen von Ernst Dohm und Gustav Fabricius. München (Anaconda) 2021/2022, S. 56–57.

Dorlin, Elsa: Selbstverteidigung. Eine Philosophie der Gewalt. Berlin (Suhrkamp) 2022.

Duden. Das große Buch der Zitate und Redewendungen. Dudenverlag 2002.

Felsch, Philipp: Der Philosoph. Habermas und wir. Berlin (Propyläen) 2024.

Freud, Sigmund: Abriss der Psychoanalyse. Herausgegeben von Hans-Martin Lohmann. Stuttgart (Reclam) 2023.

Frick, Marie-Luisa: Zivilisiert streiten. Zur Ethik der politischen Gegnerschaft. Stuttgart (Reclam) 2017.

Früchtl, Josef: Demokratie der Gefühle. Ein ästhetisches Plädoyer. Meiner 2021.

Grimm, Jacob und Wilhelm: Deutsches Wörterbuch. (Der digitale Grimm) https://woerterbuchnetz.de/?sigle=DWB&lemid=S51895 (zuletzt abgerufen am 14.3.2024)

Habermas, Jürgen: Diskursethik. In: Ders.: Philosophische Texte. Studienausgabe in fünf Bänden. Band 3. Frankfurt am Main (Suhrkamp) 2009.

Habermas, Jürgen: Theorie des kommunikativen Handelns. Band I: Handlungsrationalität und gesellschaftliche Rationalisierung. Frankfurt am Main (Suhrkamp) 1995.

Habermas, Jürgen: Ein neuer Strukturwandel der Öffentlichkeit und die deliberative Politik. Berlin (Suhrkamp) 2022.

Hill, Nathan: Wellness. Übersetzung aus dem amerikanischen Englisch von Dirk van Gunsteren und Stephan Kleiner. München (Piper) 2024.

Horkheimer, Max und Theodor W. Adorno: Dialektik der Aufklärung. Philosophische Fragmente. Frankfurt am Main (S. Fischer) 1997.

Kant, Immanuel: Kritik der Urteilskraft. Herausgegeben von Heiner F. Klemme. Hamburg (Felix Meiner Verlag) 200.

Kant, Immanuel: Kritik der praktischen Vernunft. Herausgegeben von Horst D. Brandt und Heiner F. Klemme. Hamburg (Felix Meiner Verlag) 2003.

Chantal Mouffe: Über das Politische. Wider die kosmopolitische Illusion. Frankfurt am Main (Suhrkamp) 2007.

Lévinas, Emmanuel: Zwischen uns. Versuche über das Denken an den Anderen. Aus dem Französischen von Frank Miething. München/Wien (Carl Hanser Verlag) 1995.

Manow, Philipp: Unter Beobachtung. Die Bestimmung der liberalen Demokratie und ihrer Freunde. Berlin (edition suhrkamp) 2024.

Meyer, Thomas: Hannah Arendt. Die Biographie. München (Piper) 2023.

Precht, Richard David und Harald Welzer: Die vierte Gewalt. Wie Mehrheitsmeinung gemacht wird, auch wenn sie keine ist. Frankfurt am Main (S. Fischer) 2022.

Reckwitz, Andreas: Die Gesellschaft der Singularitäten. Zum Strukturwandel der Moderne. Berlin (Suhrkamp) 2017.

Rudolph, Moritz: Übermut tut manchmal gut. In. Philosophie Magazin. 6/22. S. 58–59.

Sennett, Richard: Verfall und Ende des öffentlichen Lebens. Die Tyrannei der Intimität. Frankfurt am Main (S. Fischer) 2004.

Sieferle, Rolf Peter: Finis Germania. Schnellroda (Antaios) 2017.

Simmel, Georg: Der Streit. In: Soziologie. Untersuchungen über die Formen der Vergesellschaftung. Gesamtausgabe. Herausgegeben von Otthein Rammstedt. Band II. Frankfurt am Main (Suhrkamp) 1992.

Schmitt, Carl: Der Begriff des Politischen. Texte von 1932 mit einem Vorwort und drei Corollarien. Berlin (Dunker&Humblot) 2015.

DAS LEBEN LESEN

10 Bücher über die 10 wichtigsten Themen des Lebens

112 Seiten. Gebunden
ISBN 978-3-446-27964-3

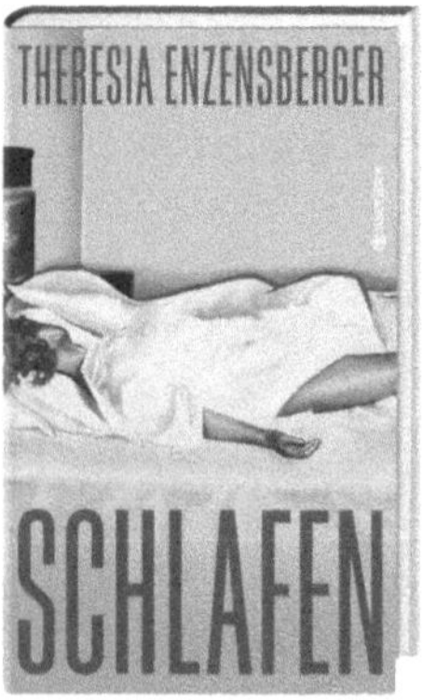

112 Seiten. Gebunden
ISBN 978-3-446-27962-9

112 Seiten. Gebunden
ISBN 978-3-446-27983-4

Heike Geißler
ARBEITEN
Erscheint im
Frühjahr 2025

Daniel Schreiber
ESSEN
Erscheint im
Herbst 2025

Felicitas Hoppe
REISEN
Erscheint im
Frühjahr 2026

Doris Dörrie
WOHNEN
Erscheint im
Frühjahr 2025

Karen Köhler
SPIELEN
Erscheint im
Herbst 2025

Daniela Dröscher
SPRECHEN
Erscheint im
Frühjahr 2026

HANSER BERLIN LEBEN

Weitere Infos zur Reihe *Hanser Berlin Leben*
finden Sie unter: reiheleben.de